怪侠一屋書店

写楽堂物語

—古本屋の時代とその歴史—

岡本勢一

創風社出版

はじめに

私がよくされる質問は次のようなものです。

①貧乏学生がなぜ七〇年安保闘争の突撃隊になったのか
②学生運動をして就職もできんかった人間がそれでチリ紙交換をしてどうして稼げたのか、その日暮らしになってしまわなかったのか
③チリ紙交換をしていた人間が古本屋を始めたのは何故か、なんでそんなことができたのか
④四国の片田舎・松山で古本屋をしていた者が、突然香港くんだりまで行って日本書店をつくった。そんな力がどこから出てきたのか

この4つの問いにいくぶん答えているのがこの本です。

学生運動といっても二年ばかり、岡山県倉敷市での反戦、反合。そして日本原基地撤去斗争が7年ほどでありました。

この十年余りは、たくさんの支援者からのカンパや自力のアルバイトで生活をしながらの活動でありました。

大学を追われ、岡山の地で安心の地を得たのも束の間、とうとう四国の片隅松山まで来てしまいま

した。

徳島―香川―岡山―愛媛県と流れていきましたが、どこにもカナン（乳と蜜のあふれる神の約束の地）の地は見つかりませんでした。

その後、故紙回収業をやり古書店経営に苦労を重ねてきました。

次から次へと起きてくる経営上の困難を解決していくことは並大抵ではありませんでした。

中小企業の商業・流通業の分野で四十五年間も古本業に取り組んでこれたのは奇跡に近いと思います。


一方私とは違って、とりあえず国家権力に従ってきた人達はその後どうなったのでしょうか。カナンの地に到達したのでしょうか。

豊かな老後の生活にたどり着いたのでしょうか。

戦後生まれの団塊の世代はよく勉強し働いて、国家や社会に尽くしてきたと思いますが、相応のものが得られたのでしょうか。

社会の中心で頑張ってきた人達が報われないとすれば、日本の戦後、この七十年間をリードしてきた政治家、行政府が誤っていたことになります。

非政治の世界であるとあがめられてきた東京オリンピックの汚職事件は官財の癒着を示してしています。行政サービスのあらゆるところにこのようなワイロの匂いがする。民主主義社会の最大の敵はワイロです。

こんな社会では、日本はチープな国だと言われるのも道理にかなっていると思います。日本社会は安全で住みやすい国ではなくなりつつあります。二十五年前には香港の人々にとって日本は安住の地―カナンでした。それが今では危険でもろもろの人権が認められていない国とみなされています。こんな格差社会では、日本の若者は可哀想です。日本の若者は希望を持てなくなっています。ＡＩ産業は別としてどの業界も生活するには厳しすぎる状況になっています。今の日本の若者はいかに生きるべきかということで悩んでいます。この本がそうした設問に答えていくことに何らかの一助になればと願います。凡庸で愚鈍な人間ほど一つのことに熱狂的になります。私にはそれが反戦活動であり、古本屋であっただけのことです。

昨年八月からほぼ六ケ月をかけて自叙伝らしきものをネットに書いてきました。一人回顧し、自問自答してきました。それをまとめてみました。自己の記憶を頼りとして、表現してきたつもりです。その記憶というものが後からの知恵で加工されているのに気付いています。また、自分の都合の悪いものは消されていることもわかりました。社会も大きく変化しています。五十年前のことを再現するのは難しい。一九七〇〜八〇年代の社会背景や時代の空気を表現することは、私個人の力量から言ってできないことでした。

したがってこの本は自叙伝ではなくものがたりです。私が生きてきた過去、事実における表現であり、差別や貧困に対して同情しそこからの解放に人生をかけて闘ってきたものがたりですが、現在において付け加えられた意味・付与があることと思います。

私はこの本で少しは私の思想の根源に迫っていけたと思っています。

この作業はその緒についたばかりです。ある人は、このものがたりに共感を抱くでしょうが、他の人達は笑ったり、その欠点を見つけるでしょう。

この本にはたぶんに誤りもあり、私の一人合点の思い込みの箇所もあります。この五〇年間の社会学の進歩も著しいものがあり、友人・諸氏からのご批判もあろうと思います。

このものがたりの根底に流れている思想や行動にいくぶんかの共通感情があるだろうか。少しでも憐れみと共感を得られればこれを書いた労苦がむくわれるというものです。

この本の構成について

時系列的には若干の前後がありますが、大別すると次の4部構成となります。

第1部　生い立ちからベトナム反戦・大学闘争と反戦・反合・反ファッショの闘い

一九六〇～一九八〇年（於　徳島・高松・岡山）　―第1章～6章―

わが目指すカナンは何処岡超えて行く　一本の道ははるけし

岡に立ちふりさけ見れば一生かけ　求めし本志の野火はまだ燃ゆ

怪侠一屋書店

写楽堂物語

——古本屋の歴史とその時代——

目次

はじめに　1

第1部

第1章　生い立ちから大学へ　16

第2章　ベトナム反戦と大学闘争　（一九六八〜六九）　35

第3章　一九六九年十月　香川大学本部封鎖から首都決戦へ　48

第3部

写楽堂物語

――古本屋の歴史とその時代――

第1部

第1章　生い立ちから大学へ

1 徳島県の山地で育つ

私の生地は徳島県の山村でほぼ四国の真ん中です。

野鹿池山（のかのいけやま・標高一、二〇〇メートル）の嶮しい山肌にへばりつくような農家が二十戸ありました。羽瀬部落です。

東の方を見れば国見山が見え、下のほうには一本の谷川が蛇行しています。山が三方からせまってきて、朝には霧が登ってきて雲海が出現します。太陽は早くから山に隠れます。

こうした自然環境で生きて生命をつないでいくのは、想像を絶する苦労があります。隣近所に行くには水平の道がありますが、上下に動くにはエネルギーが要ります。

だがそこに生きる人々は、様々な工夫を凝らして、インフラを整備していました。

遠くの山からの薪や三ツ又の輸送には、ジャンジャン（空中ケーブル、ただし人は乗れません）があります。上下にモノを運ぶには負い台を使います。道や家屋のまわりには排水がきちんとされています。台風や大雨が降った時には、家の周りや畑を見廻りに行きます。

こうした山地の農家にも明治の新しい時代が来ました。

明治・大正のにおいは、どこそこの誰かさんは鉱山に出稼ぎに行ったという話からです。

貨幣の時代になったので、農家の次男・三男は外に出ていきます。

畑の道の踏み外すと命がないような危険な場所には、雨水によって土が流されないように石垣や排水溝を作ります。

著者３～６歳の頃。６・12歳上の姉と自宅で。

親は必ず子どもに「道のネキ」を歩けと教えます。ネキとは山手側のことを指しています。ほとんどの人は、麦・イモを栽培して食べていました。

牛を二〜三年飼っていると、馬喰がやって来て買っていきます。可愛がっていた牛ですが、農家にとっては数少ない現金収入です。牛は哭きながら綱で引きずられ、売られていきました。

啼きながら蟻にひかるる秋の蝉／正岡子規

どの農家も牛を飼っていました。牛が食べる草の草刈りは、朝一番の大事な仕事でした。このような自然の中で自給自足的な生活を送っていた人々は「お人好し」が多いです。こうした山地の平和もいつまでもつづきません。大東亜戦争がおきて一変しました。ほとんどの農家は戦争で人をとられました。

近所の七戸の農家で、五戸が徴兵に行っています。そのうち一名は戦死、一名は負傷して帰り、一名は敗戦の後の帰還兵でした。しかし、家に帰ってきてわずか二〜三年で子供を残して死亡しています。

私がその状況を聞いたところ、総合的に考えてその人の死因は結核です。日本は戦争で負ける前に軍隊に蔓延していた結核で滅んだようなものです。

2 一九四五年敗戦後は貧困と結核の蔓延

当時の軍隊は、戦地において集団感染するこの結核に有効な対策をとっていません。戦後は昭和四十五年ごろから都市に出稼ぎに行った人も多いのですが、そのほとんどが十分な労働者の生命を守る環境対策をとっていない製鉄工場やトンネル工事です。白ろう病、肺ガンで若くして亡くなっています。戦争でかろうじて生き残った人も高度成長の犠牲者でした。

戦死者の家族は大きな墓を建て年金が出ましたが、生きて帰還した人には出ません。

戦後経済が復興するにつれて、木材の需要が高まりました。村人はこぞって植林をしようとしました。どの農家も農作業をしながら植林をがんばっていました。

植林という投資は、杉が成長してからの伐採ですから二十～三十年かかります。お金がないのでほんの少ししか山地に植林はできません。

ところが皮肉というか、戦死者の出た家族は国家からの遺族年金があったので戦後復興期に広大な面積に植林ができました。通称「山もち」です。（残念なことに今では木材価格の下落で、投資の回収はできていません。）

昭和二十年～四十一年は、この山村ではほとんどの人が高校に行くことはできませんでした。子だくさんということもあったのですが、この山村から池田高校に通うには歩いて大歩危駅まで行き、汽車に乗って一時間、片道三～四時間かかってしまうからです。

これでは、通学にエネルギーを使ってしまい、学習に集中することはできません。

そして何よりもお金がなかったわけです。

3 寒村ではアルコール中毒者でいっぱい

戦争を経験して帰ってきた人にも問題が出てきました。

軍隊経験をした人に対するメンタル面でのケアがなかったことです。軍隊内で暴力をふるった者、ふるわれた者はその後長い間精神的ストレスに苦しみました。この当時のアルコール依存症は、日本帝国主義の暴力と戦争そのものが原因です。軍隊には絶対命令があり、よくいう「往復ビンタ」がありました。人には自分がされたことを他人にする習性があります。したがって、復員してからでも暴力をふるうのです。

昭和三十年に至っても学校教員がよく体罰を加えました。昭和三十五年、中学三年生のときでさえも体罰を加えられました。まあ、先生も手加減していたようですが、教育的効果はありません。体罰に対する反発心が強くおきてくるだけです。子どもに冷静な理解力・判断力があるわけがありません。

運動会や盆踊り、そして祭りのときは、必ずと言ってよいほどケンカが始まります。小さい子供にはそのケンカが怖くてたまりません。暴力がふるわれる家庭が多かったようです。

アルコール中毒者への心のケアがなされた話は聞いたことがありません。

この寒村では、自給自足の農家がほとんどでした。

普段でも妹や弟の世話をしたり親の作業を手伝うわけですから、補習などをやって子どもの帰宅が遅いと、学校に怒鳴りこんでくる親もいました。これが徳島県では教育の西低東高（学力が県西部に行くほど低く、県東部に行くほど高い）といわれている原因の一つとなったと思われます。

しかし、楽しいこともいっぱいありました。農家の家は広く、遊ぶことがいっぱいありました。ただ、学校への通学も足腰を鍛えることにはつながりましたが、教育水準の低さは、都会に出ていった人には大きなハンディとなりました。

それから五十年、日本経済は高度成長・バブルの崩壊と二十数年の停滞が続きました。

4 教師の善意で高校へ

私は、徳島県の山村に七人兄弟の末子として生まれました。近所の子供らと遊ぶ普通の生活でした。小学時代の思い出といえば、ソフトボールに夢中になっていたことぐらいです。

中学二年生の秋に、大腿部に激痛がきて歩けなくなり、学校を一ヶ月ほど休みました。カルシウム不足による栄養失調です。

そろそろ卒業後の進路を決めることになりましたが、何しろ農業といっても自給自足、わずかの現金収入といえば和紙の原料である三又（植物）栽培、炭焼、土方《どかた》ぐらいしかありませんでした。

中学といっても分校で二十人ほどの一クラスしかありません。教育環境にも恵まれていません。もっと大事なことですが教員自体のレベルが低いのですから尚更子供たちは勉強をしません。同級生たちは、「大工や左官になるのに何で英語なんかを勉強せないかんの」という疑問を持って、先生に食ってかかるありさまです。
私はそれほどではなかったのですが、勉強すると言っても今は当り前となっている参考書、問題集とかは見たことがありませんでした。

中学三年生になって、幸運なことがおきました。五人いた先生のなかで社会科の担当であったO先生が以前赴任していた他所の中学校の生徒が使っていた参考書をたくさんもらってきてくれたのです。当時電車の駅からわが分校までの四キロほどの道のりを段ボール一杯運んできました。それも石ころだらけの凸凹のジャリ道を自転車で押して運んだのです。

ろう下に段ボールを下ろして、「要る人は自由にとって下さい。ただし勉強するときには前の人が書いた箇所や答、ライン引きは消してから使うように！」

前の人が使っていた参考書や問題集だって役に立つのです。

Used Booksも、Re-usedすればいいということ、有用であることを学びました。

その時には、まさか自分が将来古本屋を始めるとは思ってもいませんでした。何とありがたいプレゼント、そして何万$の価値のある善意であったことか！

5 要点整理（古本の）で高校へやっと

一年前の使用済みの『要点と整理』という参考書で学び何とか池田高校普通科に入学がかなえられ

ました。

私の家は山肌にあり、朝六時半には家を出ます。石がゴロゴロした道を下ります。小学校のところにバスが来ます。私が高校に入学した時にバスが通るようになったのです。

バスで二十分ほどで大歩危駅に着きます。大歩危駅は吉野川の対岸で、切り立ったところの山手のほうから岩でも落ちてきそうなくぼみにあります。大歩危駅から池田駅までには、四つの駅があります。

当時は石炭車（ＳＬ蒸気機関車）でした。釜の中に石炭をくべる作業が見えました。煙が出るのでトンネルが近づくと急いで窓を閉めます。

高校は他に二つほどありましたから、各駅から二十〜三十人が乗ってきます。東の方からも池田駅に集まりますから、アリの大移動のように高校に集まります。池田高校はこの時分には千人以上の学生がいました。


八時半ごろに上野ケ丘にある校舎に着きます。

高校ではどんな授業があるのかも知りませんでした。とりあえず教科書に沿って、午前中四、午後二の割合で授業が進みます。

中学と違って先生の数が多く興味もわきましたが、だんだんと慣れてくるにしたがってだらけてしまいました。

特に古典・漢文、そして理科・物理学は面白くなく、よく居眠りをしました。

通学に二時間も要し、栄養失調とカロリー不足ですから、授業に集中できません。まあ、これも言い訳にすぎませんが。

二年・三年生になっても授業は適当にして、自分の好きな本を読んでいました。受験勉強と言っても当時は塾もなければ、高校の先生にしても「その人その人に合った受験指導・個別指導」をしてくれるわけではないのです。また偏差値という考え自体が私の頭にはありませんでした。

国語は英語を勉強していれば、日英辞典を使っての勉強で力がつくし、日本史・世界史はラジオを聴いたり、新聞を読めばもうそれでいいと思っていました。あとは化学の勉強ですが、これも範囲が狭いのでなんとかなりました。

問題は数学です。代数学は好きでしたが、幾何学はさっぱり。興味もやる気もありませんでした。まあ、この程度が私の頭の限界でした。定規やコンパスを使って図形を正確に書くのが嫌だったのです。

6 徳島県立池田高校普通科に入学

中学生の時、私は数学や英語・社会科の『要点と整理』を見て、唖然としました。

教科書よりももっと論理的かつ平易に整理しています。最初の解説とかを見れば、例題・練習問題が解けるようになっている。次に問題を解けば、今まで知らなかったことや世の中を知ることになる。

そうこうするうちに「お前はできる」と言われ、初めて「そうかなあ」と嬉しさと戸惑いを感じました。

中学校で勉強ができたのは、じつは簡単なことでした。先生からタダでもらった古本の参考書のおかげだったのです。

もう一つの幸運もやってきました。学級担任の先生（音大出）が英語を勉強するには辞書が必要であることを教えてくれたことです。英語辞書をひくことは同時に日本語の勉強にもなって、一石二鳥でした。

三年生二十人のなかで高校に行ける生徒は五人でした。補習をやらないと受かりません。父兄も応援してくれて、我々はやっと池田高校に入れるレベルになりました。

五人以外のクラスの人達は、ほとんどが集団就職です。卒業式があって間もなく、親たちは泣く泣く我が息子や娘を送り出していくのです。

私はといえば、高校受験――入学の費用をつくるために、千メートルくらいの山にワサビ採りに連れていかれました。それを売ってお金にするためです。

徳島県の池田高校に通うためには、徒歩―バス―電車―徒歩と二時間かかりました。冬になると、五時半に起きて夜七時ごろの帰宅ですので冬の間だけでも学校の近くに下宿しなければなりません。一年生の時は、学校の裏側にある古い池田高校の寄宿舎に十名ほどで下宿しました。ところがここには相当のワルが出入りしていました。ワルについては別途後述します。

二年生の時は、大歩危駅の近くに病院があって、そこの奥さんが子供の勉強相手になることの条件でそこの一室に寝泊まりさせてくれました。冬の間だけの三ヶ月位でした。

夏休みは、自宅に帰って土方や漢方の草をとって、こづかいを稼ぎましたが、少金でした。大歩危駅から四十分ぐらいで池田高校につきます。三好郡内からは大勢の生徒が通っていました。高校に入ってはじめて精神的に圧倒されてしまいました。四十〜五十人のクラスの同級生がいるのですから、身体的にも金銭的にもさまざまな点でコンプレックスを抱くことになりました。

7 高校では本を読みまくり

山村での生活は冬の寒さがこたえます。同級生のほとんどが学生服の上に厚めのオーバーを被っていました。私も欲しかったのですが、両親に言うこともできず、三年生になっても、なかったことが思い出されます。

高校生活はのんびりと進んでいきました。はっきり大学受験ということが見えてはきません。科目は、代数学はいいのですが幾何学というものがあって苦手でした。英語・漢文・国語・日本歴史・生物学・化学の授業は割合得意でもあり楽しかったです。

更に特筆すべきことは、受験参考書をあまり買えませんでしたが、学校図書館で小説を借りて読んでました。井上靖とか山本有三、そしてプロレタリア文学などを読みあさりました。

これには伏線があって、じつは中学校のときから、地域の青年団の部屋にあった本を読んでいました。六〇年安保の前後でまだ日教組が強かった時代で共産党関連の本です。

何故こんな山村、徳島県の最西部にこういった類の本があったのか、それは、若い日教組の先生が赴任してきたからだったと思われます。

「産めよ殖やせよの国民運動」の結果、子どもが多かったので、高校に行けなかった家庭が多かった。そこで中学校の先生が駆り出されて「青年学級」で教えていました。農家の長男は昼間は農作業、夜は青年学級に集まりました。そこの図書室にマルクス関係の本があったということです。

今でも覚えています。搾取がなぜ起きるのか――剰余価値論――商品論から唯物論を読んでいました。寺島文夫とか柳田謙十郎とかです。

ところがこうした本を読んで、中学の級友や先生に語り掛けても、何の反応・応答もないのです。変わったヤツとしか思われなかったのではないでしょうか。

それでも楽しい高校生活でした。毎朝決まったように池田駅からぞろぞろ上野ヶ丘に一斉に登っていくわけで、それは壮観でした。

授業をサボっていっしょに映画館に行ったり、学生服をぬいでワイシャツ姿でパチンコにもよく行きました。こうした友達も思春期精神の発達・安定には必要だったのかどうかはわかりませんが、まあ、青春をしたということでしょう。

8 学業成績は中以下

私が通った高校は、三好郡内の二十以上の中学からきていました。

中学では目立たない生徒であっても三年間もの新たな教育はその人間を優秀な生徒に育て上げてくれるものです。私は優秀な生徒ではありませんでしたが、級友がそうでした。


小学がダメで中学でダメであっても、高校では優秀となっていく――成長していくということです。

高校でダメであっても、次は大学があるではないか？

大学でダメであっても、次は就職後があるじゃないか？

就職してもダメであっても、再就職があるではないか？

それでもダメであっても、その次は必ずある。必ず何かが待っている。


私は自分という人間をかく考えます。

普通人間はくやしい思いをしないためにコツコツと努力します。

しかし私の場合は、くやしい、みじめな思いをしてからでないと、全人的エンジンがかからない、ずるずると以前のままの自分を守ろうとする性情なのではないか。

自己変革をしていくためには、かなりのダメージ、ボロボロにならないといけない。ダメになって倒れてからでないと起き上がれない。そんなダメな人生を送ってしまったような気がします。

❾ 池高学生寮はワルのたまり場

当時の池田高校を語るにはワルのことについて書かないと、この時代がどういう時代であったのかがわかりません。

一年生のときです。冬になると雪が積もり、日没が早くて通学の山道が暗くなり危険となります。そこで池田高校校舎の裏手に板張りの二階建て寄宿舎があり、そこに三か月ほどいました。寮といっても二人部屋が三つくらいです。暖房は炭火の火鉢です。寮の食事は、子連れのまかない婦が来てくれて美味しかったのを覚えています。

ところがそこがワルのたまり場となっていたのです。空手を習っている一年上の学生がいて、部屋の中で座布団を手に付けてグローブ代わりにして実戦をするのです。この学生はほどなく退学となりましたが、その後もちょくちょくこの寮に来ていました。

私の知りえた範囲ではもう一人のワルは図体が大きくて、カツアゲをやって退学となりました。しばらくすると、着流しで寮に来ているではありませんか。

聞くところによると、東京の大相撲の部屋に弟子入りしていたのだが、練習や上下関係に耐え切れず逃げ出してきたそうです。

私は金がないので、寮のすぐ近くにあった池田牛乳で配達のバイトをすることになりました。ビンに入った牛乳を自転車に載せて、三好病院の周辺に配るのです。

栄養失調で体重のない私（五十キロだった）は、自転車を安定的に乗りこなせませんでした。荷台にある牛乳瓶が重くて、前が浮いてグラグラするのです。

そして二つの難所がありました。上野ヶ丘の丘の上から下る二百メートルと、池田本町から三好病院までの二百メートルの坂です。雪の降っている寒い朝、この配達中に二回自転車がスリップして横に倒れました。ビンが数本割れましたが、何とか起きなおして自転車に乗るとまたしてもハンドルがグラグラとなって私も一緒にドッと倒れました。三回目ともなるともう起き上がる気力もなくなって倒れたままじっとしていました。

車も人も通っているのに、誰一人として言葉もかけてくれませんでした。倒れて横になったまま、下から会社に急ぐ通勤者の景色は乙なもんです。目線の角度です。

高校の授業はもう二時限目に入っていました。誰か助けてくれよと言いたいのですが、誰一人として声をかけてくれません。世間というものはそんなもんです。

こんな雪の日に私を送り出した牛乳屋さんもすこしは考えてくれても良かったのではないでしょうか。アスファルトの雪が解けて水となって氷となって、その上に次の雪が降っている。こんな日には自転車は乗れません。

結局、一ヶ月ほどで牛乳配りのバイトはやめました。

⑩ケンカの放校生は相撲部屋へ

一年生のはじめに汽車の中で、恐喝されたこともありました。新入生を一人ひとり汽車のデッキ（貨車の接続部）に呼び出して金を出させるのです。カツアゲといわれているもので、相手を畏怖させるために腹部を殴ります。

この時このワルのグループに属していたのかどうかはちょっと不明ですが同じ席に座っている同級生がやめるように忠告をしたらしい。このことがキッカケでワル同士が体育館の裏で決闘するハメになりました。この決闘がどうなったかは知りませんが、二人とも放校処分となりました。

やめろと忠告した人間が、ケンカ両成敗で同じ退学となったのはいささかの疑問が残ります。なぜなら、カツアゲを止めさせようとした点を考慮していないからです。

その時、高校に呼ばれた、カツアゲを止めようとした生徒の母は強かった。土下座をして謝った上で「こんな悪をした者を教育から追放したらどんなになるか」と、「教育はこんな者を良くするのと違いますか」と迫っていって補導課の教師を説き伏せたということです。

的を射ている話です。私の持論では、できる子は放っておいても自分である程度まではやれる。今できない子もやがてできる子にするため、教師たるものはあきらめずに教育・指導しつづけるのです。

まあ、実際は事細かに聞いたわけではありません。上級生のワルが下級生のワルから金品を巻き上げるのは常です。今の世界だって、技術援助とかグローバル社会とか言っても弱者から富を引き寄せているわけですから。

下級生——一年生の時のクラスには数人のワル（と言っても遊び型であったが）がいました。そこに上級生が来て「呼び出し」をやっていました。金を巻き上げるためです。これはあからさまな強奪でした。

中学・高校の場合は教師自身の教育を誰がやるのかの問題が不問となっています。大学を卒業して教師となって、四十年間も相変わらずオモシロくない授業をしている。四年間教師をやったら、一年間は休ませて再教育のために大学院とか研究機関に行って、新しい知識を習得するべきであると思うのです。

新しく再教育された教師は、生徒にとって魅力のある人間です。時としては企業で働くことも必要です。企業のイノベーションを実地で知ることは教師としてやる気のある人間となります。まあ、こんな提案はすでにやっているとは思いますが、昔はなかったということです。

⓫高校教育は良かった

高校の指導教師は実に個性的であり立派でした。一学年三クラスで百五十人ほどでした。これほどの多人数の同級生の中には優秀な生徒もいました。ワルも何人かはいたようですが、学級運営には支障は起きてきませんでした。もっとも生徒達は仮病を使い、よく授業をサボったり、映画を観にいったりして遊んだりもしました。

勉強は教師次第の側面があります。担任は個性的な先生がいて、朝の朝礼は面白かったです。イビツというあだ名の先生は特に面白いという評判の人でした。

古文の女性教師は和歌を美声で詠み上げるので眠気覚ましになっていました。

私のクラス一年三組は英語リーダーを担当している女性の先生Mさんでした。きちんと教科書にそって逐次解釈をやっていました。

途中で担任が替わりキューピットというあだ名の先生になりました。私はこの先生に大変お世話になりました。クラスの中で「いじめ」にあっていた時、よく相談に乗ってくれ解決をしてくれました。

二年の時に英文法を教えてくれたN先生は論理的に説明してくれて大助かりでした。数学（幾何）は熱血漢で大声で力を入れて教えてくれていました。代数学の女性の先生は、丁寧で、かつ論理的でした。

生物や物理学の先生も、冷静かつ論理性のある講義内容でした。

今はこの当時と比べるとはるかに教育環境は整備されよくなっていますが、当時の池田高校の教育は徳島県下のみならず全国的にも高水準であったと思います。

当時もう少し一人一人に合った個別指導がなされていればさらに生徒たちのレベルアップもはかれたと思いますが、こんなことを今更言っても詮無き事です。

人間は昨日の自分ではありません。新しい知識を得るたびに新しく生まれ変わった自分になります。新しいこと、未知なることを知ることが、その人間を昨日とは違った人間にしてくれるのです。生涯勉強です。

高校卒業から六十年です。自分の人生は自分でつくってきました。

私達の世代は、どんな人生を送ってきたのだろうか、これを解くカギの一つが高校―大学―社会の中でどう学んできたかということではないでしょうか。

いくつもの意思決定の中に今日の自分があります。

第2章 ベトナム反戦と大学闘争（一九六八〜六九）

1 高松ベ平連の活動

私は中学時代から高校にかけて、共産主義に関する本を読んでいました。漠然ながら、将来は日本共産党に入るのかなあと思うこともありました。

しかし大学に入ると、この衝動が止まってしまいました。それはスターリンがなした数々のことを知ったからでもありました。五カ年計画の中で、共産国家による土地没収により土地を取り上げられ、逆らうものはシベリア送りか収容所送り、それも何百万人もの人々のことです。暴力的で容赦のない没収です。もう一点は共産党内反対派への容赦のない弾圧です。

もう一方では、紙やペン一個からの国家による統制で計画経済の優位を誇示していたからです。

これに対して市場原理による経済発展を遂げていたアメリカも国家財政の出動による有効需要――軍事国家に入らざるを得なくなっていました。国際的にはベトナムをめぐる米国とロシアの駆け引きがなされていました。

大学の授業では、常にケインズとスターリンの計画経済の比較論が盛んでした。経済原論の教授はロシア留学をした一ツ橋系のアメリカ経済学の人で、どちらが経済効果があるのかをいつも言っていました。

ポール・スウィージーの『資本主義発展の理論』、これはアメリカでのマルクス経済学による分析です。


一九六六年頃には軍国主義の復活が学生自治会でいわれ、海上自衛隊が高松港に寄港した折には大学からデモをしてシュプレヒコールを上げることに参加もしました。一年生のときでした。ベトナム反戦行動はなかったと思います。

一九六八年頃になると、大学闘争、新宿騒乱などがあり、学内にも動きがありました。10・8羽田闘争には学内からも参加者があり、間接的にではありますが、反日共系の人達が活動をしていました。確か関西ブンドなどがオルグに来ていたように思います。

日共の二段階革命論批判の文章・ガリ版を手にしてそれを読んでみてはじめて日本共産党にかわる勢力、批判者がいることに驚きました。

六九年一月の東大安田講堂の攻防戦はテレビで見て「警察もここまでやるのか」——うーんと考え込んでしまいました。

2 瓦町駅前でのフォークソング

この後、高松でも高校生が大学に出入りするようになりました。

六八・六九年一月東大安田講堂の落城が、若い彼らを突き動かすものがあったのではないでしょうか。

そのうち何人かがべ平連をつくっていました。私はこの高校生たちと、全逓青年部の人達何人かで、街の中心地・瓦町駅前で、フォークソングの集まりをもって毎土曜日歌っていました（まあ、これは、当時新宿西口で岡林信康らがやっていた反戦ソングの地方版です）。

この時分、ものすごい反戦論者と出会いました。この年配のオッちゃんは革命をやるのだったら武器を調達せなあかん、と言ったりするのです。

このオッちゃんは、当時日本向けの中共プロパガンダであるラジオ放送を聞いていました。中国は三里塚闘争を支持すると言っていたと報告もしていました。ベトナムに衣料品・薬品を送ったりもしています。北朝鮮にも衣類が足りないからと送っていました。しばらくすると北朝鮮からは衣類は足りているので送金をしてくれと言ってきたそうです。

5・3の憲法記念日は毎年何人かの人に呼びかけ、街頭デモをしていました。

高松最後の5・3デモは、オッちゃんとオバちゃん、マゴの三人で。（これは朝日新聞が記事にしています。）

このオッちゃんは、高校生であろうと大人であろうと、店の二階に泊めてメシを食わせていました。

このオッちゃんは、中国戦線に日本軍として従軍し、士官に常に文句を言っていたそうで、根性があります。オバちゃんはどうも北朝鮮あたりで学校の先生をしていたようです。ロシア軍の南下のとき軍人であった夫が家に立ち寄り、日本軍は敗戦となったので日本に急いで帰るように言われたそうです。

これでいっしょに日本に帰れると思っていたら、なんと夫は「いっしょには帰れない。部下の兵隊たちがいるからその責任がある」と言って駅で別れたそうです。これが夫との最後の別れとなりました。日本に帰る途中で一人の子供を亡くすことになります。

この大東亜戦争は、戦争に参加した一人ひとりにとってこのようなむごい結果をもたらしました。このオッちゃん、オバちゃんは再婚でした。オバちゃんは義をもって反戦を叫んでいた歌人（短歌）です。ロシアの一九〇四年頃の、ツァーの弾圧下でナロードニキ・文学者の連中を思い出させます。オバちゃんが、この私に言ってくれた言葉「義を重んじる者は義に死す」は忘れることができません。その後その通りになりました。義を手にしたものは捨てることはできないのです。

オバちゃん、オッちゃんは、この他にもたくさんのことをしています。自らの過去にもとづく反戦の話、そして映画「沖縄列島」の自主映画上映を成し遂げています。それも市民会館でやったのですよ。場所代が足りなかったらオバさんが出すというのです。この二人は状況からのハネ上りの一点突破でした。

この企画は大成功でした。

3 えらく面倒見の良いオッちゃん・オバちゃん

このオッちゃん、オバちゃんのすごいところは、二階にある部屋に家出してくる高校生を泊めるは、マージャンをやらすは、飯を食わすということを平然とやっていたことです。

高松のド真ん中の線路沿い、電車が通るたびにガタガタと騒音が木造の家中に響きます。風呂はどこかでもらってきたマキをくべて沸かします。高校生たちが交代でやっていました。

衣料品店ではあるのですが、お客はそっちのけで熱々とかつての中国戦線を語り合うのです。

この頃は、戦死を免れて帰国した人たちがオッちゃんの家に集まっていました。そして北朝鮮やベトナムへの義援金を託すのです。そして中国戦線での想いや反戦を語ります。

ある時オッちゃんに「こんなことしてたら商売にならんのとちがいますか」と言うと、そんな心配はいらないというのです。

まだまだオッちゃんはえらいことをしています。オッちゃんとこの居心地の良さを楽しんでいる間に、進学・就職につまずいた人の世話までやっています。日中友好協会（高松）をつくっていたから、日中交易会からお酒を仕入れて売っていました。トラックがないものだからリヤカーに載せてそれを売りに行く大学生がいました。

オッちゃんオバちゃんの息子は今、日本歌人クラブの四国ブロック幹事となっています。オバちゃんも息子も歌人です。

私は大学への思い入れより、この御一家への愛着のほうが強い。今、この人達が生きていれば、ロシアのウクライナ侵攻をどう考えるでしょうか。

詳しいことはインターネット上で「稲たつ子インタビュー」として今も載っています。

一九七〇年頃このオッちゃんは、私が未決で中野刑務所にいたころ、面会にも来てくれました。私が出獄して高松に帰ったときも、夜中に高松駅で出迎えてくれました。

オッちゃんが「あなたが捕まっている間、私らも大変だったのですよ。あなたがいなくなった後、家の周りを警察にとり囲まれてしまったんよ」と話したのは今も覚えています。

この人達ほど自らの経験とそれにもとづく強い反戦の意志を持っている人にはお目にかかれません。こんな人のいいオッちゃんオバちゃんにも、××派は「上映チケットの売上何パーセントをよこせ」と言ってきたらしいのですが醜悪です。市民ＭＯに乗っかかり、加入し、一本釣りで党員を獲得することが彼らの党建設でした。

まだ自己の党を持っていない私でしたが、この事件のことでそんな党には入りたくない気持ちになりました。（××派さんすみません、こんなことをバクロしてしまって）

この二人に大変なことをさせてしまいましたが、それでも二人は楽しかったと後で言ってくれてました。

4　一九六九年一月東大安田講堂落城後の無力感

一九六九年の私達の大学では、武器の問題が上がってきました。

権力側の放水・催涙弾・こん棒等圧倒的な物量で、デモで突っ込んでいくとつぶされてしまうことに対するいら立ち、そしてこの権力＝暴力への無力感です。

学生たちのフンイキがあきらめ、脱力感になってきました。

運動をする者も、しないノンポリもこの時代の脱力感に覆われました。

運動をする者のなかには、音楽、この場合フォークソングを下宿で静かにやっている人もいました。

勉強をする者、いつも片手に吉本隆明の『共同幻想論』やビフテキを食うマルキスト羽仁五郎の『都市の論理』、高橋和己の『憂鬱なる党派』『わが心は石にあらず』などを持って歩きまわっている人達がいました。

そして党派がオルグにやってきます。関西から「赤軍」などもやってきて高校生をオルグします。

私は直接かかわっていませんが、大学学長との大衆団交を要求する一群も現れてきました。安保、そして沖縄返還という重たい課題がつきつけられていました。
五、六月は就職試験のシーズンです。私も四社を受け一社から内定をうけました。
運よく逮捕されなかったら入社することにはなっていましたが、かないませんでした。

九月頃になると、今秋の闘いですべてが決まる、腹をくくってやらねばという気にさせられました。

高松べ平連にかかわっていたということからかもしれませんが、なぜか中核派は私に接近しません。

私はこの時にはじめて大学に社青同解放派が存在していることに気づきました。

十人程度のメンバーですが、私はそれより二級上ということもあってうまく和していたわけではありません。

十・十一月決戦はどう闘うのか。行動委員会から反帝学評を形成し大学をバリケード封鎖・ストライキから中央闘争に決起していくという基本路線に沿うということでした。

ベ平連であれば、フォークソングをうたって、政府にベトナム戦争に加担するなという声をあげればすみますが、三派系全学連のどれかに属して闘うのは、とんでもない大きな決断がいりました。

5 日共・民青系自治会と対決し、闘いを構築

自作農の貧乏百姓の小せがれがやっと奨学金をもらって学校に行かせてもらっている身にとっては、身を削られる思いです。迷いましたが、親を理由に日和っていくのもおかしい。こんなことを言い出したらそもそも学生MOは成立しない。

闘わない理由を見つけようとしたらいくらでもあります。

親が私の卒業を待っているからとか、自分は身体が弱いから、彼女がいるから、就職ができなくなるから、理由はいくらでも見つけることができます。

もう一つの問題は、左翼の連中と付き合いながらじつは中間に位置している連中です。この連中は権力に利用されやすい。

六〇年安保を闘った日共民青（＝日本共産党民主青年同盟）は、権力が欲しがっている情報を提供する学生・活動家に過敏でした。

公安警察は学生活動家を尾行する。まずいっしょにマージャンをする。情報（ビラ・人間関係）を

持ってくれば金品を提供する。香川大日共民青は当時、こうした学生を現場で捕まえて、中国の文化革命に見習い、自己批判書を書かせました。これで新左翼はトロッキストであり、権力から金をもらっているというキャンペーンの出来上がりです。

挙句の果てはフリーセックスをしているとか、外国から金をもらっている、とデマを流す。六〇年安保ならいざ知らず、こんなことを言って得点を稼いでどうなるのか。うた声喫茶に行ったり、女子大学との合ハイばかりやらず少しは権力にぶつかってみろ！と言いたい。

民族・民主革命ですから、一般学生に人気のあることばかりやっていて、あれから五十年、そろそろ革命をやらないと日共、民青さん、つじつまが合いませんよ。

レーニン主義、科学的共産主義、今の民主主義は一定評価できるといつも言っていた。だったら、もっとまじめに権力と闘え！

パン屋さんになることを決意した者はその開店に向けての準備を全部やり切る。

サラリーマンになること、その会社と運命を共にすること、その会社で何をやるかはその人の決意と準備次第です。

ものがたりの始源には必ず決意がある。

おばあさんが桃をひろって、中から赤子が出てきたとき、おばあさんはその子を強い子にしようと決意した。

桃太郎が悪いことをする鬼をやっつける決意をした。

サルやキジはおばあさんがつくっただんごをもらって、一緒に鬼退治をする決意をした。まさか、桃太郎の話から私が決意したわけではない。私は、自分の身体をかけて権力に突撃しようと決意したのです。

突撃していってその向こうに新しい地平が見えると思ったのです。

時代の雰囲気もありました。音楽にしてもあの暴力的なビートルズ、ロック、ポップ旋風がありました（破壊的なリズムと平和へのあこがれがあったのです）。

何もかも壊してしまいたい衝動、緊張が権力への突入にかりたてたのでしょうか。見えた地平は厳しい檻の中、世間と隔絶された別世界でした。

フーテンの寅さんが手にしたと思った瞬間、トラの恋愛がこわれてしまうあの映画みたいなものでしたが、トラも私もくじけず生きています。寅さんはスクリーンの中で生きており、私は古本屋としていまだ意志はくじけず、抵抗しています。

6 大学での生活はブラブラ

池田高校から香川大学へと進みました。

最初の一年ほどは家庭教師のバイトをやって、奨学金＋親からの仕送りで生活していけました。

部活はヨット部に入りましたが一年でやめました。先輩―後輩の上下関係が厳しく、シゴキに耐えられなかったのです。

ある人が言っていることですが、この時代はアホがカッコ良い時代でもありました。まっすぐで親分のためなら何でもするというヤクザ映画――まあこれは戦前の国家主義哲学です。高度成長の入口にかかっていましたから、講義でノートを丹念にとっていく学生が多く、ほとんどの学生はマジメでした。

スポーツ、部活、バイトに夢中になっていく人も多かった。私もそのうちの一人です。かくしていくうちに、東京の方では羽田闘争、日大―東大闘争がおきてきて、学内でも語られはじめました。少しでも社会問題に関心を持っていた人たちは、よく学生会館の談話室にたむろしていました。

私の記憶は定かではありませんが、一九六八年10・8羽田闘争に参加していた人も二～三人いたと思います。そのうちの一人は「こんなこと、すなわち実力闘争と言ってもゲバ棒位では絶対かなわない」と言っていました。

しかし中核派などは機動隊・警備隊を突破した戦果を誇示していました。

私はといえば、反戦高協ができていてその人らと中心街にある瓦町駅前の広場で反戦フォーク集会をやったりしていました。

けっこう人も集まり、ベトナム反戦ビラを配り、歌詞集もつくりました。

家業を継ぐので香川県に帰ってきている、東京新宿でフォークゲリラをやっていたという二人組が中心でした。高校生もやがてギターを覚えてやっていました。

また、全逓の専従・組合員も反戦歌をうたい、よく活動していました。日中友好協会正統本部を作ろうとなって、これは稲さんが中心となってつくりました。


中国からの引揚者の話やら、高松空襲、中国人民戦線の戦術の話やらも聞いていました。

高校での反戦フォーク集会（瓦町）、デモンストレーション、カンパなどは、日中友好協会の力が大きかったです。私もその中で活動していました。

一九六九年五～六月頃には、当時国交のなかった中国とは、広州交易会を通じて（この本部は広島にあった）、保存のきく食料や家具・書などを仕入れて物産展も三～四ヶ所で開催し私もお手伝いをしました。

物産展は、高松・坂出・丸亀でやり、ついでにベトナム反戦の署名活動・カンパ金を集めて活動費にしていました。

7 それでも就職先は一社に内定していたが・・・

四年生の春となりました。就職のことを考えなければなりません。

私はその時までに就職試験を受けるにはその企業から〇〇名という指定があること、それは学業取得単位の優の数で決めていくという暗黙のルールがあることを知りませんでした。

それでも四つほどの企業にチャレンジしました。行きたい会社は商事会社でしたが、大阪のその企業は不合格でした。四回ほど親から旅費をもらっていくのですが、当時はその旅費は求職をしている会社負担でした。

親と会社からそれぞれ旅費、宿泊費をもらうのですから、いい気なもんです。

私はこの旅費の二重取りの快楽に酔いしれていました。

大学三年間のうち、最初の一～二年はそれでもあちこちの教室に入って講義を受けていました。

当時はマル経や近代経済学か実務をやるのかに分かれていました。私は一橋大系のシュンペーター、ポール・スウィージのテキストを読んで、それなりに思考を重ねていました。経済原論が好きで、ソ連の計画経済のことを良く教授は話していました。

第3章　一九六九年十月香川大学本部封鎖から首都決戦へ

1 七〇年安保反対決戦に燃える

就職したくない会社であっても、旅費がもらえるから行くわけです。

旅費の二重取りの目的は、東京や大阪のデモに参加することでした。

東京での就職試験のときは、丁度新宿駅構内でのフォークゲリラが行われていた時で、（岡林信康なんかが歌っていて、）大きな人だかりができていました。すると、駅員が「ここで立ち停まってはいけません」とマイクで警告するのですが、いうことを聞く者はいません。

やがて機動隊がきて、手足をとって排除に出ます。

スクラムを組んで抵抗するのですが、その時赤ヘルなんかが来てデモをするわけです。騒然としていますが、逮捕者はほとんどいませんでした。そこにいた一般の人達が、立ったり座ったりして反戦歌を聞いているだけです。

また、大阪に就職試験に行った時も、確か一九六九年6・15御堂筋デモに参加しました。それでも、デモに行きながらも就職先は関西の一社に内定が決まりました。

昭和44年(1969年)10月19日　日曜日

各地で前しょう戦始まる

10・21行動へ反帝学評

香大で本部封鎖

東京　首相官邸襲う

昭和44年(1969年)10月18日　土曜日

過激学生、香大本館を封鎖

放水などで抵抗

外人部隊含む40人

首相官邸に

学生二人火炎

反戦デーへ盛り上げ

1969年10月18・19日　地元新聞による報道

一九六九年八月にも京大・広島大などでバリケード死守の闘いがあってそれから大学の後期に入りました。六九年９・15に全国全共闘の結成集会があって、いよいよ十・十一月決戦が声大になっていきます。

香川大の活動家には、ブンド系、中核派がいて、十・十一月決戦をどのように闘うかで論争がはじまりました。

首都決戦をどの党派もとなえていました。十・十一月決戦をあらゆる武器を手にとって闘え！と、叫ぶ党派もいました。

私は、この時期になってはじめて、どの党派に入って戦うのかという難問にぶつかりました。

ベトナム戦争は続いているし、ますます日米安保はその協力体制が強まっています。10・21国際反戦デーから十一月十六日・十七日死力をつくせというアジテーションは深まるばかりです。

日米安保とは日米安全保障条約のことです。

❷ カムフラージュをして決意する

街頭闘争と言っても、大学内での行動委員会ができていなくては、単なる一揆に終りそうです。その時、四国反帝学評をつくるという話がきて、徳大（徳島大学）で実行され、私も参加しました。徳大では活動家が二十〜三十人位いました。

わが香川大学の活動家五〜十名もそれに合流します。合せて百人ぐらいはいたと思います。徳島から帰ってから、方針が決定されました。もとよりバリケード封鎖をすることには同意しました。誰が企画したのか、組織（反帝学評、全学連または解放派か）の人間によって、香川大学本部を封鎖してから、首都決戦に向うという方針が立てられました。

もうこの時期になると、この情報はもれていたと思いますが、さかんに大学当局の職員がきて「バリ封をやるのか」「いつなのか」とさぐりを入れてきました。

私は、「やらない」と言って否定します。

私達は普段通りの生活をしてカムフラージュをします。その結果、大学当局も日共民青もわが突撃隊の決意を知りませんでした。

もしバレていたら封鎖は失敗します。大学当局が本部建物に先に入って閉じこもり、ロックアウトされます。大学当局は予感さえしていませんでした。平和の安逸の中にいます。

私達が出していたビラにははっきりと「全国の大学でバリストから中央決戦へ」と書かれていまし

た。それなのに大学職員・教授らは、まさか自分達の大学本部がバリケード封鎖がなされるとは想像だにしていません。

下宿にあるビラ類を近くの公園で焼却しました。大学封鎖のためのペンチ、針金を用意し、その日を待ちました。日常を粧《よそお》うために普段通りいったん下宿に帰り、夜中、学内に向いました。

10・19の夜、十時頃でした。大学本部には警備員もおらず、宿直員が一名いるだけで、仮眠をしていたらしく、たたき起こされても事態がのみこめないようでした。自分はどうしたらよいいのかとしつこく聞いてくるのには閉口しました。誰かがタクシーを使って帰れと言ったのをおぼえています。

大学本部建物に突入して、入口に机や椅子を寄せ集めて、針金を絡めて、除去できないようにしました。一階の窓はふせぐことが難しいのでそのままです。

入口・裏口からは解除できません。翌日、何とか封鎖解除しようとして、または説得しようとして教授達もやってきましたが、我々がつき出すゲバ棒の前では何のなすすべもありません。

そこでの攻防は、一時間足らずだったと思われます。

3 大学本部の封鎖は一日にして放棄す

一九六九年十月十九日大学本部の封鎖はたったの一日、十二時間の攻防でした。

次の朝、「きたぞ」という声でうつらうつらから目をさまし、屋上にかけ上りました。なんと、学生会館の方から本部に向って「封鎖解除」（なんとかけ声をかけていたのかはわかりませんが）のデモが押し寄せてくるではないですか。

一般学生と民青の人達です。五百～千人ぐらいの規模に見えました。その時、もう一つのヘルメットを被った学生たちがデモをしてくるではないですか。封鎖ストを支援する一団のデモ隊です。百名はいました。これはうれしかったです。

大学当局の教授達が封鎖解除をしようとしたり、話し合いをしたいとか言いながら実力行使でせまってきました。二時間ほど攻防が続きましたが、昼にはこの対決（三つ巴）は終りました。

昼食時になってはじめて、水・食糧がないことに気が付き、外に出ておそるおそる学生会館の一階にあった学食に行きました。途中で拉致されて袋叩きにあわないかと心配していたのですが、そんなことはありませんでした。それは、バリケードの中に入ってこない人達の中にかなりの反民青感情があったからではないでしょうか。権力と闘う人間・学生への共感があったのです。

教育・経済学部の自治会を占めていた民青の人達への反発も相当ありました。

民青といっても、日共ではありません。当時、三学部（経・教・農学）は民青がとっていました。彼らの主張は、学生という身分と授業を受ける権利を守れという主張です。安保も沖縄も関係がないのです。

民青は学生という特権が保証されれば良いのであって、三派系全学連とは位相が違っていました。

我々は大きなベトナム反戦のうねりを作り出していくことによって、政府が行っている米軍への加担を止めようとしていました。一方日共、民青はこのことに小市民的利害をくすぐって、大学を破壊しようとしているとして我々に反対しているだけでした。

ここで一つの判断が下されました。

バリケードを放棄して、首都決戦に向う。

個別の闘いより、十・十一月闘争の大爆発をということです。香川大・徳島大とそれぞれ別個にバス・新幹線を乗り継ぎ、都内での反帝学評決起集会に参加しました。都内の××大学の寮に泊まり込みます。そこでの意思一致は、最大限のことをやるという一点です。それと、逮捕されても完全黙秘（刑事の取り調べに対して黙秘権を行使する、仲間のことはしゃべらない）の意志一致が確認されました。翌日、十月二十一日は国際ベトナム反戦デーで、都内では各団体が集会・イベントを行う予定でした。

4 四国から秘かに首都決戦へ

十月二十一日当日、どんな集団行為が行われるのか、私がどういう行動をとるのかは知らされていませんでした。逮捕されるかもしれないことは覚悟の上です。

じゃあ、どうしてそんな気分になれたのか――それが問題です。

今となっては、自分でも明確に説明することはできません。

ただ、五十年後の後づけですが、いくらか説明がつきます。それはこういうことだと思います。

①就職していれば、そこでの闘いもあるだろうと。
このまま大人しくして単位をとり卒業して就職したらどうだろうかとも思いました。今まで思い切り勉学や学問をしなかった分、就職したら今度は頑張れるという自信はありました。

自分を大事にし、育てていくことが仕事を通じてできる自信もありました。そうすれば楽しいこともあるだろう。まずは就職してからでも遅くはなかろう。いったん就職し、サラリーマンになるのも悪くはなかろうと、思ったことも事実です。
②私が希望していた就職先は、好きな語学が活かせる商社でした。しかし、第二次試験の面接で落とされました。実際にはその準備としての学びをしていなかったのです。
③四回生になって勉強をしてこなかったことへの反省。
これまでの怠惰な学生生活に終わりを告げたかったのです。今までの自己と決別するためには、新たな再生のエネルギーを必要としていたのではないでしょうか。


普通に勉学にがんばれた人達は力がついているのに、自分には力がない。こうしたみじめな自分を再生していくのに、あえて極左集団・行動に走っていったのでしょうか。果たしてその目的は達成されたでしょうか。転機となりえたのでしょうか。

孤独感とか、上昇気分とかは誰にでもあります。ダメだとか、自分が怠惰なのではなかろうかということも同じです。だから、決心――決意したことは、そこに直接の原因があるわけではないのです。

自己嫌悪とか自己否定は私に限ったことではありません。資本主義社会では、学生は労働者予備軍です。少しでも有利な地位を得るために、分断と激しい競争があるのです。奴隷主は直接奴隷を支配することはありません。奴隷の中から中間管理職を養成していく。そのための大学教育です。

中間管理者は悲しい使用人です。企業の増殖していく資本の論理には逆らえません。

どんな動機であれ、戦争という抑圧の最たるものに立ち向かっていくのは人間の情であり、論理です。

「ここがロドスだ、ここでとべ」という言葉があるではありませんか、あえて言えば「時代の状況・フンイキ」であったと思います。

5 東京築地でのゲリラ戦——逮捕・拘留

当日は地下鉄線で北千住から、××時○○分の電車に乗るということが確認されているだけでした。全く都内のことはわかりません。活動家達は、ある場所に来たら降車しゲリラ的に闘うということしか知らされていませんでした。

都のある場所に指示された時間に着いてそこで何かをして、時間つぶしをしなければいけません。思いつくことは、近くのパチンコ屋に入っていくことです。中に入ってみると知った顔ばかりです。お互いあいさつはしません。

決められた時間の電車に一斉に乗ります。この電車内で別動隊が運んできたヘルメットと火炎瓶のドッキングを果たしました。私は少しの躊躇もなくホイホイと取り出し、配ったのです。

そして、銀座近くの築地で一斉に降車し地上に上りました。五十人位の集団ではなかったかと思います。

そして火炎ビンを三個ぐらい持って、たった百メートル程を走っただけで逮捕されました。一本を路上に向けて放り投げたのですが、燃えてはいません。安保粉砕・自民党政府打倒と叫んでいました。

この短いストーリー、電車から降りて百メートルを走っただけの爆発もしなかった火炎ビン闘争はあまりにもあっけないことでした。

何の目的で、何を守るために行動したかということが見えにくい戦いでした。敵＝権力との対峙がはっきりしていませんでした。

こんなことで逮捕されてしまったことには、今から考えると、当時の指導部の戦術に不信は残っていますが、集団での闘いですから、こんなこともありです。

こうして築地署の地下にあるオリのなかでの生活が二十日余りありました。取り調べはキツくはなく、同房者と雑談していました。

数日たつと一般刑事犯の人と気まずくなって、入っている房を替えられました。取り調べの刑事も少年犯の係らしくすごくおだやかな人でした。

事件についていては黙秘するといえばその通りに調書に書き、署名捺印をしてくれといわれてもしないといえばその旨を書いていました。

逮捕後二十一か二十二日目に中野刑務所に移送され、そこで拘禁生活——独居房での生活がはじまりました。

❻東京築地警察署同房者たちとのオシャベリと友情

私が学生の頃初めて留置所に入れられたのは、東京築地でした。築地署の地下一階に留置所があります。ここは蟹工船を書いた小林多喜二が拷問死した場所です。一段と高いところに看守台があって、そこから六つ程の区切られた部屋が円状に配置されています。私はそこの3号に入れられました。

取り調べは日に一回程度で、それも全部黙秘するわけですから、すぐに終わってしまいます。警察拘置が四十八時間、それから検察拘置二十日間合計して計二十二日間の拘留でした。留置所ではただ座っているだけで退屈でたまりませんでした。それでも取り調べのときは楽しみがありました。出前を取って食わせてくれるのです。

勿論そのお金は被疑者である私が払うのですが、その時に食べたカツカレーのおいしかったことは大感激でした。

その当時の少年課の年配の警察官にしても、佐世保や成田での闘いとか東大安田講堂での攻防はありましたが、余裕がありました。形式だけの取り調べをして、屋上に上らせて「昔は、ここから富士山がはっきりと見えたのだが」と嘆いてみせました。

公害であるスモッグに空が覆われていました。
内ゲバの時代の前だから、警察ものんびりとしていました。

房内には、私の他に二名の窃盗犯がいました。おそるおそる「窃盗って怖くないですか」と聞くと、「そんなことはない。夜になってからやるからな」とお答えになりました。すかさずもう一方の窃盗犯は「俺は夜やるのは嫌だな、昼間やる」と言いました。

夜やるのをノミというらしい。ノミさんはもう二か月も取り調べられているので焦っていました。警察署の留置所よりムショ（刑務所）のほうがずっと暮らしやすいらしいのです。二度ほどムショに行っているので、今度の事件では累犯加重とやらで三年以上になるとのことでした。現場（窃盗の）に連れていかれて色々聞かれたが、思い出せないらしいのです。

いくつ位やっているのですかと私が聞くと、
「いちいち覚えてはいない。五十〜百件位やっている。調書を取る時刑事が『よく思い出してくれ』というが、そんなことは言われてできることではない。まあ刑事も立場があるだろうから。しょぼい現場（金額の少ない窃盗）を話すと、そんな小さいのはもうええから、もっと金額の大きいのを話してくれと言う。そしてその現場に連れて行かれるが——そこは俺の現場ではないのだが——まあ刑事に恩を売るつもりでいい加減にしゃべると刑事は喜んでくれる。刑事と俺たちの関係というのはこんなもんだよ。百件やってたってそれが全部調べられたら一年以上かかるから、刑事の言うままにしているわけだよ」とウソぶいていました。

7 ノミ（窃盗犯）たちもタタキだけはしてはいけないと

他にも新しい連中が次々と留置所に入ってくる。酔っ払いが入ってくると、最古参の盗人は牢名主の貫録を示してくる。うるさい、眠れない、担当さんどうにかしてくれと要求する。

夜は毛布を各自五枚くれる。が、それでは寒い。二人で差し向かいに寝ると、毛布が十枚になってあたたかい。だから盗人たちともよろしくやらないといけない。

ヤクザが入ってくると、窃盗犯とはソリが合わない。朝の洗面時間のときにこの窃盗犯が洗面器でヤクザの頭を打ち付けたことがありました。

ヤクザと窃盗犯は同じ房に入れません。ヤクザには強いメンツがあるので、それに触れると危ないというわけです。

窃盗犯にも誇り（？）があるのだろうが私にはわかりません。

しかし、この牢名主はまともなことも言う。強盗は絶対やってはいかん、相手が死ぬと死刑になるとおっしゃっていました。

社会の安定＝安心のために、牢名主さん、空き巣だけにして下さいよと頼んでおきました。

お返しに鶴の折り方をしっかりと教えてくれました。

しかし毎日することもなくボーっとして座っていると、イライラが募ります。

ヤクザ映画で見たことのある場面を思い出しました。相手の歓心を買うために、相手の肩をもむシーンです。

私も遠藤たつおに負けじと、この牢名主の身体を指圧してやったりもしました。窃盗犯も相当ストレスを抱えています。取り調べが三か月も続いているのです。

この時、私の担当刑事は、留置所の房を変えてくれました。そこには粋がっているチンピラの少年がいました。ボクシングジムに通っていた少年だから気を付けろと刑事が忠告してくれました。事件のことは互いに聞かない。しかしすぐに打ち解けて仲良くなりました。

この後二～三日この少年と一緒に過ごしてから、私は中野刑務所の未決房へ移送となりました。

この少年は、私との別れに「青いバスに乗せられて着いたところは、練馬区のその名も高き鑑別所～」という練鑑ブルースを歌ってくれました。この少年は早く鑑別所に行きたがっているようでした。悪のキャリアをつけたかったのでしょうか。

それはワル達のあこがれの地でもあり、同じ境遇の人達の交流の場となっているからでしょうか。

彼は人懐っこく、年長者である私への気遣いもしてくれました。素直な子ではあったが、いきがっていました。

8 ノミたちはウソの自白で刑事に協力

二人の窃盗犯はまだまだおもしろいことを言っていました。

日本の警察は優秀だから窃盗犯の検挙率が高いと言って威張っているが、あれは俺たちが協力しているからだと言うのです。

なにしろ五十件、百件、捕まるまでにやるわけで、そのうち実際に裁判所に起訴されるのは二、三件です。警察は自分の管内での事件解決率を上げるだけが仕事となっています。

こんな退屈なところで三、四か月も拘留されていたら嫌になる。早く刑務所に移してもらうために、やってないこともいろいろ教えてもらってウソの自白をするのです。

ほんとは事件現場に連れて行かれても、はじめてみるところでどこから入ったのかわからない。その時の刑事の話を聞いてヒントをもらってしゃべっているというのです。

ということは、この種の窃盗事件では冤罪が多いということで、もっと大きな重大事件、殺人とか強盗事件でもありうることではないでしょうか。

警察官の最も重大で必要なことは、まず犯人をでっち上げることです。刑法上の罪になる構成要件を組み立てることに関しては、彼らはプロです。どんな人がでっち上げをしやすいのか彼らはハナからわかっているのです。

私が留置所にいた経験から言うと、この二十三日間（検事拘留期間）はもっともいやなものです。新聞・テレビは見せてくれないし、面会は許可されないし、食事は乏しいし、運動はさせてもらえない。別件の事件を次から次へと出されて拘留期間が数ヶ月に延長されます。

外から全く遮断された空間で動物のような生活をさせられたら誰だっていやになる。この点から言っても警察署の内での拘留はただちにやめるべきです。

最近のスリランカ人女性死亡も権力の人権無視の際立ったものでした。まだ裁判が開かれてもいない、推定無罪の人間を死なせてしまったことは日本の司法機構の恥です。

警察の代用監獄制度は、まだ被疑者の段階ですでに罰を受けているようなものです。

すなわち、罪が確定もしていない人間にお仕置きをするようなもので、権力の乱用、不当行為です。

これを監視するためには、第三者のオンブズマンが自由に留置場に入れる制度が必要です。

9 兇器準備集合・公務執行妨害罪で起訴されてほぼ一年の中野刑務所暮らし

このように六九年十月〜七〇年九月まで捕われの身となっていました。

まあいいやという怖いもの見たさもありました。

三坪ぐらいの鉄格子のある独居房でした。未決といって裁判をするために身柄を確保することが目的ですから、仕事はありません。洗面台のイスをめくるとその下はトイレです。窓には外から鉄柵が打ちつけられています。畳二枚の上にふとんを敷きます。

ただ一日中座ってばかりではありません、机といすがありますからその上で新聞や本の読書生活です。政治犯だから一人です。

これからの人のために未決の独居房生活がどんなものであったのか簡単に紹介します。そんなものは不必要だといわないで下さい。

いつあなたの身の上にふりかかるかもしれないのです。

①三食付きです。必要な栄養量はあります。主食は半々の米と麦です。
②運動は週に二回、一回が十五分ほどでした。
③新聞は一紙のみ
④差し入れはできます。一般の本屋で入手できる本や公判対策資料、手紙など。
ただし、刑務所側が安全性の面、保安上妥当ではないと思われる部分は墨で消されます。

七〇年四月のよど号事件の時は、ほとんどベタ一枚黒塗りでした。

お隣さんが、鉄格子ごしにハイジャックがあったと知らせてくれました。
⑤面会は一日一回のみ。
当時は学生事件の被疑者でいっぱいでしたので、誰かが先に来ている場合、次の人は面会できないように限定していました。
⑥風呂は一週間に一回、正面に時計があって、各動作は三分毎で笛が鳴ります。
⑦花の差し入れＯＫです。

一か月ぐらいたつと、自分で読みたい本を自費で注文もできます。

読書三昧の毎日です。これは良い機会だと思ってじっくりと読書して、知識を取得しよう考えました。刑務所を革命の学校に変え、ここで座って本を読むのは与えられた良い機会でした。何しろ、三食つきの安全地帯ですから。ここにいる限り、もう捕まる心配はいらないのです。捕まって、ホッとしているのも妙な気分です。

『フランスの内乱』『フランスの階級闘争』『ルイボナパルトのブリュメール18日』『資本論1・2巻』、『ヘーゲル批判』など、その他ドイツ・フランスの著作物などを読み漁りました。

週間マガジンの連載「あしたのジョー」は楽しみでした。

週一のオヤツもあります。もちろん自分の金で買うものです。

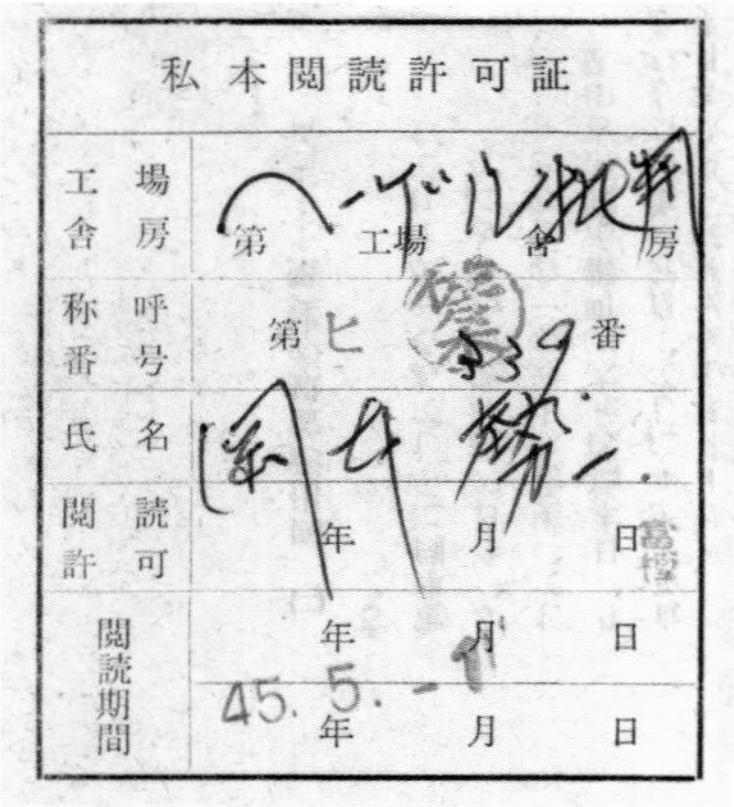

私本閲読許可証

工場 舎房	第　工場　舎　房　ヘーゲル批判
称呼 番号	第 ヒ 339 番
氏名	
閲読 許可	年　月　日
閲読期間	年　月　日 45. 5. 1 年　月　日

未決勾留の場合、基本的には房内であらゆる本を読むことができるが、検査の上で許可証が貼られる。

三食もまあまあのメニューです。小さい頃、田舎ではこんなものさえ食わせてもらえなかったことを思い出していました。

先進発展国であった日本では、カレーライスや、サバの塩焼き（大根おろしもついてる）を出してくれるのです。

未発展国では、多くの人が飢餓に苦しんでいるというのにと考えながら、食事は楽しんでいました。あとは独房の中でスクワットをして体力をつけていくことでした。

第4章 釈放されて再び学生活動家に

1 明日のために資本論（マルクス）を読む

この当時、少年マガジン（週刊コミック誌）で「あしたのジョー」が連載されていました。主人公矢吹ジョーの少年院での自主トレがコーチである段平から来る手紙「明日のために」にもとづいてなされていく姿に私達政治犯は自己投射していました。

私みたいな地方大学からの上京グループは、都会に住んでいる知人はいない。面会も少ないので孤立しやすい。しかし統一救援連絡センターからは週一の面会、花の差し入れがあり、見も知らない人からの支援もありました。

——正月料理は特別食でした。もちの上に小豆のあんこをたっぷりとかけたものはうまかった。

私達は統一公判（十〜十一月安保闘争被告団）として一まとめにした大裁判を要求しましたが、裁判所はこれを結局二十グループごとに分けて分離裁判をすることになりました。

四～五月になると、保釈申請の問題が起きてきました。証拠隠滅のおそれ、逃亡のおそれがなく住所が一定である場合には原則として保釈許可がなされます。本人かまたは家族ができるのですが、親の理解がない私の場合は本人申請です。本人申請のケースは保釈が許可されるのは少なかったです。統一救対や党派の「青華社」の指導がありました。保釈にかかわる書類資料が送られてきます。それを参考にして保釈申請を東京地裁第四部に出すのですが、ことごとく却下されました。

逃亡のおそれは誰にでもあるのですが、これは保証人を付けてその保証人が責任をもって本人を出廷させますという誓約があればいいのです。証拠隠滅のおそれとは、私の場合現行犯逮捕ですから、ありません。それで二ヶ月ごとに保釈申請をしました。その都度、保釈裁判が開かれオリの外に行ける楽しみがあります。中野区のオリから東京地裁のあるところまでバスで行きます。

バスの窓から見る外の景色はいいもんです。街を行き交う人を見て、外の日常はうらやましくもありました。

保釈裁判が開かれ、そこで意見が言えるのですが、たったの五分です。不当な長期拘留は思想転換の強制ですよね。

独居房の生活はだんだんと精神に変調をきたしてきます。静かに時間が流れます。

狭い空間にとじこめられていると、かつて自由に動いていた―下宿―バイト先―大学―のトライアングルが恋しくなります。何よりも人との対話がほとんどありません。

六月頃から、本を読むことが、できなくなっていました。――文章をきちんと理解しているのかどうかに執着して、前に進めません。理解が前に進むことができなくなってきました。

誰とも対話しないのがいけません。

これは後になってわかったことですが、強迫性障害です。文字を読んでいくのですが、理解できてはいないのではないだろうかと不安や恐怖に駆られてしまい、それを打ち消すために前の文章を繰り返し読んでいく確認が必要となってくるのです。これでは本を読むことができません。

こうした症状は九ヶ月目の拘留時におきました。私の精神が本を読むことに苦痛を感じるようになりました。

そこで私は開き直り、本を読むことをやめ、何もしないでじっとしている安逸の生活に転換しました。考えるということが、現実の対象物との関係性においてのみ存在し得るということです。

未決（起訴されて判決が出るまでの期間）拘留が長く続くとこうなるということが経験できました。

保釈後、再び活動に復帰しましたが、この症状は残り、不眠症になっていました。

一種の心身症です。だが、私の場合はそれほど深い精神のキズではなかったのでしょう。以前の自分にいつの間にか立ち返っていました。

2 拘留一年後に出獄・再び活動開始

保釈も、本人申請では許可されず、統一救対の人達が私の父と連絡をとって家族申請がなされ、やっと十一か月めに保釈申請が下りました。

父は四国のまん中、山地というよりは山岳地帯に住んでいます。私も十八までそこで育ちました。その父が、おそらく、はじめて東京にきました。新幹線にはじめて乗って東京駅についた時、父の名前を書いたプラカードを持った統一救対のメンバーに迎えられてお世話になりました。

その日は、裁判所に向い保釈金二十万円の納付です。裁判所に対して父はそのお金がないことを申し述べ、半分は保証書で済ませたそうです。

一九七〇年九月末、ついに釈放の日となりました。もう外はうす暗くなっていました。自分の持物、衣類、本を箱に入れて一歩外へ出た時、父の姿を見て、あわれに感じました。と同時に自分の父をみじめに思う自分がいました。

そしてその日のうちに夜行列車に乗って岡山につき、宇高連絡船に乗って、約一年ぶりに大学のある高松駅に着きました。

私の釈放は、大学の仲間や関係者には連絡が入っており、夜更けにもかかわらず、駅前広場には二十名余の人が出迎えていてくれました。

その人たちの前で私は闘いに復帰する「決意表明」をしました。

大学に帰ってみると、日共民青はここぞとばかりに反帝学評（社会党社会主義青年同盟解放派系の学生組織）に対抗し、つぶしにかかっていました。

私は、アジトに寝とまりして対策をとっていました。

ある時、学館前でビラを配りマイクで情宣をしていた時に事件が起こりました。誤って民青のカバン（彼らが言うには「祖国と学問（日共系の学生機関誌）」の購読者名簿が入っていた）を私達のアジトに持って帰っていたところ、日共民青がそのアジトに踏み込んで取り返しに来たのです。

その場で暴力事件が起きました。

民青は権力（警察）の意向を受けて、カバンを盗んだと主張していました。

私達は自分達のメンバーのカバンだと誤って持って帰っていただけのことです。

そこにいた活動家に自己批判文を強要するということがあり、いざこざ・衝突となりました。

日共民青にすれば、自分達は新左翼より警備の対象がワンランク上で、権力は民青の情報をとりたがっていると思っていました。日頃から、新左翼の連中はどこかで権力とつながっていると考えていたのです。

また実際、当時の公安は活動家の周辺にいる学生から情報を得ていたし、お金の供与でマージャンに誘っていたこともありました。日共民青は、自らに反対する新左翼系の学生と権力のつながりを重視し、尾行してその事実を問いつめ、自己批判書をとっていました。

すなわち、民青の情報を権力に売っている事実をつかんだということで、新左翼つぶしにかかってきたのです。

翌日になると、民青は「反帝学評＝権力」とのつながりを学内で宣伝しはじめました。

保釈後　友人との東京での２枚　1971 年頃　都内にて

我々としては、このことは完全なでっち上げであり、活動家といえども夜に下宿先に押しかけ暴力をふるう日共民青ということで応じました。民青の言い分は新左翼＝暴力学生と決めつけ、その学生に対しての暴力は認められる――正当防衛だという論理です。

それで、学生大会を開いて、事実を究明しようということになりました。

日共系の人達は自らに対するスパイ行為、すなわち大学自治の否定だと断罪するのに対して、我々の方は「暴力をふるう日共・民青」と応じました。

学生大会は二百名程集まりましたが、第三者委員会の設立がないのですから相互の非難合戦でハイ終わりとなりました。当事者同士の間では決着がつきません。

日共系対新左翼の対立となって引き分けです。

この後は、沖縄返還協定批准阻止の闘いがあって、翌年一九七一年沖縄が返還されていきます。おそらくこの戦いが三派系全学連の統一行動の最後ではなかったでしょうか。この年一九七一年の十一月頃に東京から帰る途上で三島自決のニュース（報道）があったのを覚えています。

❸単位がないのに卒業させたのは大学の不正行為

この後は、日共民青対反帝学評の間は落ち着いてきました。

この一九七〇年十二月に入って大学当局から私が卒業するのかどうかということで厚生課から話がありました。私はこの年度は拘置所にいたわけで、受講届も出していませんし、十月からも授業は出ていません。大学当局としては、このまま留年をつづけて、再び騒動・ストライキ・デモをやられてはかなわん。この際単位をやって卒業させて追出せということになったのです。

実は私が拘置所にいる時、厚生課長が私のところに面会に来たことがあるのです。

一九六九年六月、会社に内定が決まっていました。内定取消＝辞退することにしてくれまいかという依頼が面会の趣旨でした。

これ以降の後輩達の就職に影響するというのです。私は同意しました。

本来ならば、大学自体がベトナム戦争に反対して闘わなければならなかったのに、闘わずして、政府・文科省の言いなりになっていた自らを恥ずべきです。

自らの教え子たる者が、闘いに決起し逮捕・長期拘留されていることに抗議のひとつもなしていないのです。

大学本部厚生課長が動いたのは大学当局の意志です。課長が一つ一つの担当教授に交渉して、日時を決めて面接の設定をしました。

語学の若い教官たちは、私達を恐れていました。教官が私の前でモゾモゾしていたりするのです。なぜなら、単位を与えるだけの勉強をしていない学生に、合の判定をするのは政治的だからです。いわば、教官の不正です。不正をしなさいという大学当局もしたたかなものです。

前年の大学本部封鎖については彼らは触れてきません。話し合いの結果、何らかの形で論文・レポートを出してくれ、テーマはそちらで決めてくれて構わないということになりました。

教官に不正をすることを強要した大学学長こそは、懲戒・解雇処分にすべきです。

その次に私の卒業資格を取り消すのが妥当です。

香川大学長は、大学本部封鎖を理由とした退学処分が出せないと政治判断をしましたが、このまま卒業させてしまうことも退学処分の別の形であると考えたのでしょう。

今からでも私の卒業資格を取り消さないと、まじめに勉強して卒業した同級生に申し訳が立たない。（ちなみに不正な単位取得は、専門が五科目、語学一科目でした）

4 卒業を受けてしまったことの後悔も

私自身こんなことで卒業をしてもいいのか、いやそれはいかんでという気持もありました。実は私は前年に暴力学生としての除籍処分を教授会で決定されていました。その大学が一転してそれを取消し、一年間一回も講義に出席していないものを卒業させるとは一体どういうことか。大学の保全だけを第一優先に考えた結果だろうか、それともふところの深さなのか。

確かに、私は、講義をうけてはいない。

しかし、独居房のなかで経済学を独学で必死に学んだこともすこし位は評価していただきたいという気持もありました。進むも退くも地獄という修羅場に身を置き、それでも決起せざるを得ない人間をつくったのは誰か。

ベトナム戦争に加担するばかりか、ベトナム特需でうるおい一枚の抗議文すら出すこともなかった大学当局とその教授。

私の行動はある意味では日本の良心を示すものであったと今でも思っています。

日米安保条約のもとで、ベトナム人を殺し、抑圧していくことに加担する日本政府がいて、米国民の若人が戦場で命を落としていく時代だったのです。

この時に大学に出したレポートがいかに拙劣なものであろうと、弾圧下のもとで私がたどりついた抵抗の知識がそこにはつまっていました。

こうして私は卒業ということになりました。

次に、私がこれからどう生きていくかという大問題が残されていました。

公安にはいつもつけ回され、この後どうするのかとうるさいほど聞いてきます。

翌年になると、香川大反帝学評の人も四年生になって就職活動をしはじめました。

5 十五年後に高裁判決へのささやかな抵抗（懲役一年六ヶ月執行猶予四年）

この時点では、いくつかの就職の道がありました。しかし、足枷がありました。十・十一月闘争の裁判がつづいていたのです。

就職をするためには、この裁判に決着を付けなければならない。すなわち「すみませんでした」と頭を下げることです。そうすれば一回の裁判で執行猶予がついてくる。私にはこれができなかったのです。

これは形だけ頭を下げることだと割り切った考え方もあります。現に多くの学生はそうしました。そうせざるをえなくさせているのも権力です。私にはマリア像を踏むことが出来なかったのです。

私はその後十年余り、何度かこの公判のために東京地裁に通いました。

判決は一審で一年六ヶ月の懲役、二審で一年六ヶ月、ただし執行猶予付きでした。が、決着がつくまでに十五年かかりました。

この失われた十五年と更に執行猶予の期間を合わせると、ほぼ二十年間となります。東京高裁での判決日前に国選弁護人から連絡があり、統一被告団十五グループの中で私が執行猶予がつくかどうかわからないと。判決日直前であっても裁判官は読んでくれるから上申書をあらかじめ書いておいたらどうかとの助言がありました。

そこで私はいくらかの反省態度と再犯のおそれがないこと、すでに家族を持って古本屋を営業していること、事件から十五年も経過しているので今更懲役刑で罰を加えることの意義や意味がないことを書き実刑が出されないことを上申しました。

客観的に見ても実刑の妥当性はもはや年月の経過でなくなっていることを訴えました。

しかし、十五年間も裁判を長引かせてきた責任は裁判所にもあるのではないかとも考えました。

何か論理的な仕返しがないか——自然とある思いが浮かんできました。

ささやかな抵抗をしたわけです。上申書のなかでそれを表現しようとしてきました。以下の内容です。

それは一九七五年ベトナム側の軍事的勝利によって、アメリカ——ひいては日本がこの戦争に敗北した事実です。このアメリカによるベトナムへの介入、虐殺がいかに誤ったものであったかが証明された歴史的事実です。事実としてこの戦争によってアメリカ社会は分断され、傷ついたのです。(二〇二二年ロシアがウクライナ侵略によって同じ過ちをしている。大国の論理と政治意識は私にはわからないが、ベトナム戦争と同じことをしていると思う。)

いわば反戦闘争というものは敵を殺すなということです。ですから、日本に対してアメリカが始めたこの戦争に協力しないように訴えたデモでもあったわけです。

日本の人々は、ベトナムに対して、医薬品や衣類の提供などさまざまな人道的支援をしたのです。

一九七五年、ベトナム人は長い抵抗のなかでひるまず闘いつづけてきた結果の独立と南北統一が実現したのです。

こうした米国・日本が勝者であるベトナムに協力した我々に有罪判決を下すのは、論理的矛盾・転倒です。何の意味もない。むしろ国際世論は、アメリカ・日本に有罪判決をつきつけているのではないでしょうか。

アメリカの敗北という歴史事実は、それに協力した日本政府も同罪である。罰されなければいけないのは日本政府であり、デモをした私ではない。

歴史が日本政府に有罪の判決を出しているということは私たちは無罪である。歴史事実は、あの時（一九六八～七五年）反戦闘争を共に闘った日本・アメリカ人の良心の勝利でもあります。


まあ、ちょっとややこしいが、長期的スタンスから見れば、敗けた日米の政府が反対していた連中に罪を擦り付けるなというようなアテコスリです。以上のような上申書を提出し、効果があったかどうかはわかりませんが、執行猶予がついた判決でした。

その時には私には三人の子どもがいました。もし実刑であったなら、未決算入が三百日ほどあったので、八か月ほどの刑務所の労役が待っていたのです。

第5章 岡山県倉敷市で反戦・反合の闘い

1 倉敷市水島労働者共闘会議の結成

一九七二年春、私は岡山県倉敷市にいました。

倉敷市には、鉄・自動車・石油・繊維などの大コンビナートがあります。そこでは、安保闘争のみならず、職域での闘いがありました。六〇～七〇年の大闘争は、日本中の大地をゆり動かしました。ここでも私はまたまた日共・民青との対決を余儀なくされたのですが、内容のある行動委員会、団結のすばらしさ、人間関係の構築ということを学びました。

実際に闘っている人は、個性的でもあり、魅力のある人達でした。

個別職場の闘い（賃上げ、合理化）と政治闘争の課題にきちんと向き合っていました。後に倉敷・水島労働者共闘会議が結成され、私も参加し、いろんな問題を討議しました。

反安保労研を水島・倉敷でやったところ、百名以上の人が中国・四国地方から集まりました。集会・デモもやりました。8・6広島反戦集会にもよく参加しました。

倉敷には大企業が水島地区に集まっています。大企業の下には元請・下請の企業、人夫出しの企業と何層にも重なっています。当時労働災害も多く発生し、重大事故も起きていました。外には粉煙などの公害をまき散らし、内には労災事故が頻繁に起きていました。人命軽視の工場経営です。

ある時、一人の労働者から訴えがありました。「職場から転落して腰を打ったのだが、病院に連れていかれ湿布薬をくれただけで、治らない。もう一年も経つ。このままでは食っていけない。」

この件は、労働監督署にも労災申請がなされていたのですが、却下されていました。何のことはない。事故直後に運ばれていった病院医師が「単なる打ち身」として処理していたのです。

これでは労災認定がされるはずがありません。

それで、共闘会議と御本人とで事故直後の診断書（レントゲン）を開示してくれと当病院に要求したところ、その初診医師からあっさりと開示がありました。

共闘会議の中にも医師がおり、これは打ち身ではなく骨折であると判断しました。

企業側にレントゲンに写っているこの部分は明らかに骨折ではないかと追及すると、「もとからあったものではないか」と詭弁を使います。

国も労働災害を減らそうと、企業に指導して、職場での安全対策をとらせています。

それでも労災事故は起きてきます。労働監督署は立ち入り検査を行い、業務改善命令を出させます。

これは企業にとってコストになります。

したがって、各企業主は、労災が起きると、これを隠そうとします。まさに、このケースでした。

しかし、一度決定したことはひっくり返せないようにできています。

企業―病院―労働基準監督署の三者（企業・行政・医）は固く結合していて守りは完璧でした。この障害は生まれつきのものであると言って、譲らない三菱病院の医師××先生。事故直後になした最初の診断が誤っていたことを認めさせる闘いとなりました。

三位一体の労災隠しを解体することは行政の仕事をまともにさせることでもあります。労災事故や職業病にあった人たちが治療を受け回復して社会復帰していく社会でありたいものです。早速、この事件は労災隠しであること、医師・行政・企業が一体となっていることを訴えるビラを配布しました。労働監督署との団交では、この最初の診断書とそれを追認した岡山労災病院の診断書がある限り認められないとの結論でした。それで最初の診断書を書いた三菱水島病院との交渉の末、やっとの思いで、その初診医は誤診を認め、診断書を改めてくれました。敵ながら、自らの非を認める勇気に感嘆しました。

こうして、労災認定がなされ、その後治療がつづけられ、休業補償を得ることもできました。支援した人もみな喜びました。

資本主義の発展・高度成長は内に対して多くの労災・職業病をもたらし、外に対しては公害をもたらしてきました。労働者の健康破壊という犠牲をともなっていました。

今、地球の気候変動、CO_2の発生が大問題となっています。金の有る者もない者も等しく、解決すべき人類共通の課題となっているのです。

まずは、公害問題がどうであったのか、その現実を見ることが必要ではないでしょうか。

2 日本原基地実弾演習反対闘争を農民とともに

この時期、ビラをまいていると、ある党派（中核派）がさかんに共闘会議をつぶそうと妨害や脅迫めいたことをしてきました。共闘会議は反革命だというのです。大学構内で集会をしていたところ、彼らのゲバ隊が十人ほどで襲撃をしてきたこともあります。倉敷駅周辺でのビラ配布を妨害もしてきました。

岡山県北には自衛隊の演習場、日本原があります。まだ総評があった頃で毎年基地演習（一五五ミリ榴弾砲）があります。

そこにはプロ青同が現闘小屋を作って、ニュースも定期に出していました。実射演習の時は、プロ青同は、農民とともに着弾地にひそみ、白煙灯を空中に放って演習が中止されたこともありました。

この時、プロ青同、社青同（解放派）は共同行動をとって闘いました。社会党―総評も平和運動として力を入れていましたから、千人以上のデモが奈義町役場から日本原基地まで続きました。

◎日本原投石事件

日本原演習場は農民の入会地が入り組んでおり、複雑となっています。

国の所有地と農民の土地の境界は、そこの利用権が複雑に絡み合っています。

一九七六年五月十七日、支援の学生グループと演習場内にいた自衛隊との衝突がおこり、柵が壊されたり、前代未聞の自衛隊による投石事件が発生しました。

私は、この事件で反戦派労働者・学生とともに逮捕されました。労組や学生も任意聴取を受けましたが、岡山県警は喧嘩両成敗ということで起訴者を出すことなく、終わりました。

1976年日本原投石事件後に出された民事訴訟原告団の資料

これは県警の政治的配慮です。自らの警備不備と自衛隊の投石を隠蔽するために問題を大きくしない配慮があったためでした。

反対派の平和な抗議デモに対して、あせった自衛隊が先に投石したことが明らかなため、この事実が後に裁判となって明白となることをおそれたのです。

3 岡山でのマル青同（毛派）による強要された学生の死

当時岡大には、革共同中核派は主立っては登場していませんでした。

分かりませんが、メンバーを大阪や東京に異動させていたのではないでしょうか。

私の水島共闘会議に対する相手側の部隊にも女子メンバーが多くヘナヘナの部隊で弱かった。あっという間にしりぞいていきました。

プロ青同は、しっかりした組織で労働戦線「蟻の巣」社をつくり、活動していました。水島にあるあの三菱自動車の真ん前で、こと西のローザルクセンブルグ（＝第一次大戦後のドイツ共産党員＝当時のマスコミが全共闘の熱心な女性活動家につけたニックネーム）が背中に子供を背負い、ビラ配りをしていたのにはおそれ入りました。学生戦線は、日本原現地に現闘小屋「馬天嶺」をつくり、援農活動しながらニュースを発行している、しっかりしたメンバーです。党派的駆け引きもすることなく共同戦線を張っていました。

しかし、プロ青同は党組織が弱く、我々から見ると育ちの良い連中です。ここに関西のつわものが忍び込んできました。マル青同を名乗り、じわじわと勢力を張ってきます。岡大の構内には、学生寮・北津寮がありました。そこを拠点化していきました。

一九七五年、社青同・プロ青同・マル青同という新たな三派連合が形成されました。マル青同は若い学生が多く、七〇年安保前後の政治闘争を経験してない人達であり、毛沢東理論を借用した党・軍建設です。岡大生という若きインテリを洗脳する組織となり、勢い、それに反対する人たちを追い詰めていくことになります。三者のなかでは一時期もっとも多い動員力（約百名近く）を誇っていましたが、この時、北津寮で一般学生が死亡しました。一九七五年五月、マル青同が使っていた車でひき殺される事件がおきたのです。

死ぬということは大変なことです。この死は偶然ではない、単なる過失致死とはならない側面もありました。もう一方では岡大学生寮をマル青同の草刈り場にさせないとする動きがありました。寮を静かな生活の場として守ろうとしていた。この場所で悲劇が起きたのです。

毛派に限らず、あらゆる党派は、ある一つの仮説・理論を強要または同調することを求めます。相手の活動家が言っていることに同意できるとしても、集会やデモに参加できるとしても、相手の組織に入るのにはさらに大きな大きな飛躍があります。

まだとどまっている人間に、ある思想を強要し続けるとどういうことになるか。強要が強迫となり、拉致につながっていくのです。同意しないから、強要―テロ行為―死となった事件です。同意するかしないかは本人が決定します。本人の尊厳の問題です。

マル青同は連合赤軍による同士殺害についての反省的洞察が全くありませんでした。

このマル青同の殺害事件で、岡大での闘いは終息しました。

当時私は、岡山での闘いに限らず、徳島大学の反帝学評、反戦派労働者と共同行動していました。私はこの三十名位の部隊指揮をしていました。

4 日本原投石事件の真相は

ウィキペディアに掲載されている日本原投石事件の概要、顛末についていくつかの誤りがあるので、ここで指摘したいと思います。

「対峠が続く中で、抗議団から石が投げられ、隊員に負傷者が出るなど自衛隊側は大きく混乱した。

混乱の中で自衛隊員の一部が抗議団から投げられた石を投げ返すことで反撃し、騒乱となった」

この文節には大きな誤ちがあります。

一九七六年五月十六日に日本原投石事件が起きました。私は現場の最先端にいました。自衛隊側はあらかじめ、演習場内に反対派が入ってくることを予期し、防護柵を取り付けて、隊員を二重三重に並ばせて木銃を持たせていました。

現場は急な坂道で、抗議団は下のほう、自衛隊は上の方に布陣していました。抗議団はこの柵の下から防護柵を引っ張ったりしてにらみ合いがしばらくつづいていました。

すると、防護柵の一部が壊れて、引きちぎられました。

これを見た先頭にいた自衛隊員がパニックになりました。

しかし先頭の自衛隊員にはこれを統率する指揮者がいませんでした。指揮者が後方の部隊の中に隠れていたのです。

そうすると、隊員の何人かが柵から飛び出て小競り合い状態となりました。抗議団は前へ行こうとする。乱闘となってしまいました。

この原因は統率者が前線にいて的確な指示がなされていれば防げたことです。

この時、後方でそれを見ていた自衛隊員が抗議団を演習場の中に入れまいとしてさらにパニックとなりました。後方の山手際から下に石を投げ始めたのです。

防護柵の近くにいた隊員が石を投げ始めたのではありません。後方の隊員が前方の隊員の頭越しに投げたのです。

前方の隊員は何が起こり始めたかには気づかず、木銃を持ってデモの人間を押し返していたのです。

5 岡山県警の失態を隠すウソ――ケンカ両成敗

岡山県警は、ウソを言いました。

「石は支援の学生グループが先に投げたものを、隊員十三人がとっさに投げ返したもの」であると。

現場にいたものとして、はっきりと今でも思い出すことができます。

石を投げ始めたのは、上の方にいた自衛隊員の一団です。その時先頭にいた自衛隊員は、小競り合いをしていました。木銃を持っていたので、石は投げられません。

私自身はまさか自衛隊が石を投げるとは思いませんでした。

現場で指揮をとっていた私は、坂なのでただ下の地面を見ていたらパラパラと石が落ちてくるので、何が起きたのかわかりませんでした。

何が起きたのか――一瞬思考が停止してから上を見上げると次から次へと石が空に舞っていました。
①先に石を投げたのは自衛隊である。坂道の上にいた自衛隊員である。
②坂道の下方にいた抗議団は上の方に投げ返したのかどうか。上方から最初に投げてきたのに対応し

て我々は下方にジリジリ下がっているので、上に向って投げ返すことは無理である。
(長い長い明治から続く日本原演習場返還運動の一コマである。)

この後、岡山県警では、徳島大学学生の活動家、反戦労働者への参考人としての呼び出しが始まりました。私は、この呼び出しに応じませんでした。すると翌日逮捕状が出てしまいました。状況を見てから出頭しようと逃亡を企てていたのですが、間抜けな私は県警の網に引っ掛かってしまいました。

いつもよく行っていた喫茶店に行ったのが運の尽きです。

二階にある喫茶店に入り、モーニングを注文すると、前の席に二人の男が週刊誌を読んでいるのが目に留まりました。彼らは私を見返してきません。

これはヤバイと思いましたが、トイレに行って帰ってくると、この二人がいません。コーヒーを飲もうとすると、突然に三人の男に「おい、これが出とるぜ」と逮捕令状を見せられました。

県警は粋なこともする。私が召喚状を見て確認し立ち上がろうとすると、「いや、せっかく注文したんだから食っていけ」と言うではありませんか。私も座ってコーヒーとパンを食べました。警察に見守られながらの朝食というのは、粋な計らいです。

その後レジに行ってお金を清算して「はい、手錠をかけてください」と言うと「いや、それはせん」と言います。一階に下りていくとパトカーがお待ちかねです。パトカーの無線で早速、これこれの人物を逮捕したと本部に連絡を入れます。

取り調べはゆるく、二泊三日でポイ捨てでした。

この投石事件の処罰はこれで終わりです。


岡山県警は次のような失敗を重ねています。
①一九七六年、この抗議活動が事前にわかっているにもかかわらず出動しなかったことです。
自衛隊にはデモ隊の警備活動をする権限はありません。演習場の外は、県警の守備・カテゴリーです。
②当日になって自衛隊が直接警備の前面に立たざるをえず、どう対処するのかが隊員の間で確認されておらず、指揮系統が確立していなかったこと。
③自衛隊の投石を制止できなかったこと。
自衛隊は国土や国民を侵略から守ることであって、日本国民に石を投げつける行為は認められないことです。


まさか投石を行った自衛隊員を起訴するわけにはいかないから、喧嘩両成敗としたのです。

したがってこの事件は、県警本部と自衛隊の警備を担当する第十三特科連隊の責任問題であったのですが、「抗議団側がはじめに投石をした。自衛隊側にも少し行き過ぎがあった」となりました。

最初から日本原闘争を支援し続けてきたのはプロ青同の人達です。

解放派はその呼びかけにこたえたのです。共同戦線の闘いでした。

解放派は闘争に取り組み始めた頃、プロ青同の現闘小屋を利用させていただいたり、現地農民との共闘ができたのもプロ青同のおかげです。

援農作業で乳牛のえさ枯草をサイロに積み込んでおさえていく作業は甘い香りがして楽しかったです。

スムーズに現地に入っていけたのは、プロ青同がきちんとした組織であったこと、党派的な利害ではなく、日本原農民の闘いに連帯し、支援し、勝利しよう、成功しようという気持ち・倫理観があったからです。

プロ青同の功績に栄光あれ。

第6章 闘いの備忘録

1 解放派中原一の死は重すぎる

七〇年安保を一人の逮捕者も出さず、権力と闘わなかったK派が、ここぞとばかりに背後からおそってくるのには恐怖を感じました。こんなことありなのかと。

組織建設を第一とするこのK派はいったい何者か、まあ今日的に言うと、レーニンやスターリンがやってきたことであり、政治力学的に言えばそれもありかとは思うが、しかししかしです。

このK派の理論的支柱である黒田寛一の著作物（たとえば『ヘーゲルとマルクス』）を読めば、ほんと何を言ってるかもわからない観念的シロモノです。加入戦術―大衆闘争の解体―党建設という恐るべきものです。

これはロシア革命の皮相な分析です。現象であって事実ではありません。

岡山ではK派は登場してこなかった。

日本原闘争にもK派としては加入してこなかったこともあって、それほど意識してはいませんでした。

ただ、一九七五年のK派による九大学生であった石井虐殺には大きな衝撃を受けました。

それまでのK派解体がいつの間にかK派殲滅へと変わっていました。

一九七六年の九月に私は突然戦線から消えました。その理由については今は言えないものがあります。まだ戦線にとどまろうかどうかと迷っていた苦しい時です。迷いに迷っていました。

日本原自衛隊基地での投石事件があった直後のことです。

一九七七年二月十二日　中原一虐殺。この報道を新聞で見た私は非常にショックを受けました。もうこれは言葉では表現できない。いまだこれを受け止められないものがあって、今もつづいています。

私が中原一を実際に見たのは、神奈川大学です。一九七二年頃です。物静かな長身の男でした。二度目は、ある場所での学習会で直接講義をしておられた。確か「中国革命について」「毛理論への批判」みたいなものでした。

中原一はまだ三十歳にも満たない青年でした。解放派の理論的中核をつくっていった行動派です。

私はこの事件後、一切、ものを考えられない思考停止状態になってしまいました。

また、睡眠障害になりました。睡眠中に突然意識が目覚めて幻覚、不安や恐怖感が出てくるのです。眠っていても半分現実、半分夢の中にいるようで苦しくなってしまいました。

運動から引いてしまったこと、中原一虐殺の受け止め方に根本原因があるとは思うのですが、なかなか癒されることはありません。

今では人間とはこんなもんだと、せん妄が起きても気にせず、目の前におきていることだけ、それも解決できることだけにして生きています。

解決できないことは、その人の現在の力ではできないのです。

今の知的レベルではできないのだったら、その問題をそっとそのまま保全しておくのです。待つのです。やがて、できる時が来るかもわからないし、できないかもしれない。

それをいたし方がないとする以外にないのです。

❷内部分裂　同志Tの死はつらすぎる

岡山に住んでいた間、部落解放の学習会、狭山現地視察をしながら「石川青年とり返せ」の運動に取り組みました。

狭山差別裁判糾弾の中央集会に何度も参加しました。

寺尾（東京高裁）判決は一九七四年無期懲役が下されましたが、最高裁に向けて闘いは続きました。

この闘いの先頭に立って、保育の仕事をしながら、さまざまな行動をしてきた女性、高原（仮名）さんは、今となっては故人となりました。二〇〇〇年頃です。

御母堂は、姉娘である高原さんの死去、続いて弟も亡くなってしまい、今は弟の嫁と二人でくらしています。もともと、四国学院（善通寺市）で部落解放研をやっていた関係で私とは、大学時代からの友人関係でした。

高原さんの通夜の席で、弟から「その時いっしょに組織から抜けてくれたら良かったのにと言われ、逃亡派であった私としてはつらい告発でした。

御母堂は大学のときから「お母ちゃん、絶対差別したらいかんよ」と言われていたそうです。御母堂は九十歳を越えていますが、毎日文学の本を読んでいます。

私も本を送ったり、野菜を送ったりしています。今年はお母堂を連れて墓参りに行こうと思っています。

「なんで連れて逃げてくれなんだ。うちの姉ちゃんを」という弟は、私が一人逃亡したことを明確になじっていました。その視線は卑怯者を見るそれでした。すまなんだということしか言えませんでした。わたしもいろいろ打ち明けられない事情もありましたが、それは言えません。

「すまなんだ」としか言えません。思い出す度に泣けてきます。

一緒に安保・沖縄・日本原の闘いをやってきました。貧乏な生活でした。私が運動に誘わなかったらという思いもあります。

一歩も後に引けない闘いをしている仲間を見捨ててしまったという気分です。党生活者は自らの内部に向って激しいストレスをかけます。解放派の内部分裂と逮捕――長期拘留に耐えて出獄した彼女の身体はボロボロになっていました。外に出てきたときには、すい臓がんのステージⅣの末期でした。五か月の闘病生活は、ともに水島での闘いをしていた仲間の医師Iさんが何もかも見てくれました。

「おかあちゃんの家で死にたい」という希望を入れて、岡山から徳島の家族のもとに帰ってきました。たった一日の命でした。

彼女の死から四十年、初老の私はフラッシュバックされて、彼女が目の前に現れます。彼女は今も私の中に生きているのです。

3 一点突破全面展開の研究

一点突破の言葉は軍事用語として使われます。一箇所を集中的に攻撃することによって、他方にも波及していくという意味です。

新左翼は必ず実力で〇〇を勝ち取るぞと目標を掲げ、シュプレヒコールを上げて確認します。

二〇一八年グレタ・エルンマン・トゥーンベリは、一点突破をなした人です。人々が「彼女の言っていることは正しいが、行動はやめるべきだ」と言っている時、彼女は一点突破としてデモや抗議スピーチを行ったのです。

気候変動に対する彼女の主張は「そこにいるみんな、今は市民の不服従の時です。反対する時です」と叫び、多くの人々の関心と行動を結び付けました。

かつての一九六九年ベトナム反戦闘争時にもこうしたことが起きました。

新宿西口広場でフォーク集会が毎週土曜に開かれていました。これを心地よく思わない権力は、実力排除をしました。急遽広場を通路と表示を変え、排除行動＝警官によって手足を持ち上げられ連れていかれました。これは権力による実力行使＝一点突破で反戦運動を弾圧してしまった例です。

以後ゲリラ的に一点突破をはかろうと都市空間にフォーク集会が持たれましたが、一九六九年十・十一月闘争が終わると同時に下火となりました。

今では、ストリートミュージシャンがわずかに残っているだけです。

私はこの一九六九年六月の最後のフォーク集会に参加していたのですが、警官は抵抗している市民を次から次へとどこかに「持ち去り」をしていました。ヒッピー風の、ひげを生やした若者が次から次へと入れ替わって歌っています。

この時のフォークには権力者を揶揄したもの、皮肉ったものなどいろいろありました。

アメリカでのピーター・ポール＆マリーのカバー曲「風に吹かれて」は日本でも有名となりました。もともとは一九六〇年代のアメリカ公民権運動の替え歌ともいわれています。

佐世保の米原子力潜水艦寄港阻止、羽田闘争、東大闘争も一点突破をはかった勇気ある市民・学生がいたからです。

時代のムードが、こうした自発的なフォーク集会を生み出していたのではないでしょうか。

4 デヴィ夫人のウクライナ訪問は一点突破

人間の行動には、過去の多くの経験や知識が貯めこまれています。

地下に潜んでいるマグマのようなものです。

不満や不平感、不快感はいつ地表にあらわれるか、これにびくびくしているのが権力を持っている者です。

デヴィ夫人は二〇二三年一月二十五日、今回ウクライナ訪問・支援に直接行動をとりました。

これに早速権力者（松野官房長官）は反応して「どのような目的であろうと、ウクライナへの渡航はやめていただくよう」にとデヴィ夫人の一撃・一点突破に水をかけています。

デヴィ夫人は「戦争もクーデター・革命も経験していますし、怖いものはありません」と言ってのけました。もはや彼女は、極左の人間であり、ヒューマニストの活動家です。おそれいりました。

彼女の一点突破の行動が、かつてのベトナム反戦行動のように大衆の心をつかみ、支援・連帯の大きなうねりがでてくるでしょう。


高杉晋作にしろ、吉田松陰にしろ、西郷隆盛にしろ、幕府と闘ったテロ部隊です。

テロルによってできた明治政府は、幕府打倒に功績のあった西郷をも朝敵として粉砕することによって統一国家となったのです。

一つの企業も国家もテロルを行っています。一つの死があって、他の生が再生されるのです。かと言って、テロルが人類の発展につくしてきたとして肯定しているのではありません。テロルがいかなる内容を持っているのかが問題なのです。テロルは一点であり、全面ではないのです。

デヴィ夫人の一投が貧者のそれとならないように、ウクライナへの支援が続きますように！

デヴィ夫人の直接行動、実力行使（政府に許可を取らずにウクライナ訪問を果たしたこと）に敬意をささげたい。

5 SDGsも過去の公害闘争から学べ

当時もう一つの社会問題がありました。三重県四日市ぜんそくの公害問題です。倉敷市水島も同じように空気が汚れていました。製鉄所や化学コンビナートの出す排煙（CO_2）が住民に対して健康被害を及ぼしていたのです。

もう五十年前のことです。一九八三年、住民らは立地企業八社を相手取って損害賠償などを求めて提訴しました。裁判は企業側が総額約十四億円の解決金を支払い、公害防止に努力すると約束して和解が成立しています。

大阪公立大学大学院の除本理史さんは、朝日新聞（2023/2/23付）で「困難な過去には問題解決の種が蓄積されており、社会変革に向けて動くポテンシャルがある」と述べています。

しかし、企業はいくらかの排出規制を行っても総量規制ではありません。裁判を長引かせていくことでのらりくらりしたのではないでしょうか。

「裁判」――住民訴訟を起こさないと動かないし、裁判自体が企業の言い逃れを許すことになっていた点を考える必要があります。「文句があるなら訴えを起こせ」「それには応じる」という強い者、権力者の態度が常です。

水俣病は「訴訟」に持ち込むことによって解決を先延ばしにした面があります。

水俣の闘いは、日本チッソとの集団交渉――問題解決の近道――によって打開できたのではないでしょうか。病を抱えながら、日本チッソの本社ロビーに寝起きして戦った人々の実力行使があったことを忘れるわけにはいきません。

同じようなことが、統一教会による献金、物品購入での被害でも起きています。いくつも裁判が起こされているのですが、勝訴が出ても統一教会は巧妙でずる賢い対策をしてきています。二〇二三年二月二三日、統一教会元信者が集団交渉を求めた報道に接して、水俣病のときと同じようなことが起きると私は予見します。

統一教会側は、宗教上の問題であり、十分な説明をしており、同意がなされた行為＝正当だと主張するでしょう。あたかも水俣病闘争が、企業側が「地元の雇用や税収面を考えて地元経済に大きく貢献している、病気との直接的な因果関係が立証できていない」、とか言って責任をとろうとはしなかったのとよく似ています。

だいたい日本では、エビデンスがないとして、加害者に有利になっている法制度にも問題があります。疫学的調査は認めないという司法。

東京電力福島原発事故での東電首脳部への責任追及は、民事では住民勝訴ですが、刑事では無罪となりました。日本の司法は、企業犯罪には甘い、甘い、蜜の香りがするのです。これではお金さえ払えば利得――公害の垂れ流しとなってしまいます。

❻私の闘いは何であったのか

私の岡山での七年間の闘いは、日本原投石事件でもって終わりとなりました。ひとまず身を引こうと思いました。自分がやってきたことに対する整理がつかなかったのです。

高松から岡山水島にやってきたのは七年前、高松にいた頃にはわからなかった日本資本主義の心臓部に立って私は考えました。

水島コンビナートの煙突からの濛々たる排煙と炎、鷲羽山ハイウェイから眺めた景色に圧倒されました。鷲羽山の周辺には大きな木がなくむき出しの岩だらけです。あゝ、これが資本制大工場の発達がもたらす破壊的作用なのだと一人納得していました。

この大工場（川崎製鉄、三菱自動車、旭化成、ENEOS、サノヤス造船）の下で下請、孫請があり、差別的構造の下で労働者はあえいでいると思ったりもしました。

岡山に来て活動をしていた七年間には、ずいぶんと闘いに参加してきました。一九七二年五月十五日には私は明治公園の集会、デモの中にいました。

水島での不当解雇を撤回すべく、ビラ貼りもよくやりました。当時はまだ電柱に防止ベルトはつけられていませんでした。一人がのりをバケツの中で溶かして持ち、もう一人がステッカーをベタベタくっつけていく作業です。

水島共闘会議内メンバーは、昼間働いて、夜は会議、ビラ印刷、ステッカー貼りです。

この私はといえば、ルンペンプロレタリアです。少しのバイトと、仲間からのカンパ（義援金みたいなもの）でやりくりしていました。

こうした中でも、8・6広島反戦集会がありました。佐藤首相が広島に来て原爆慰霊碑に参拝することに反対する闘いでした。

まだ各全学連は多くの動員力を持っていました。広島駅のコンコースの中をデモしたのを覚えています。

この時を機に広島、徳島の仲間と共同戦線・統一戦線を組んでいきました。

私はたびたび上京しなければなりませんでした。何故なら、六九年十・十一月闘争の統一被告であり、公判に被告として「出廷しろ」との召喚状が出されていたからです。

出廷しないと保釈が取り消される恐れがあったからです。

この時は、社青同建設がいわれていた時でもありました。私はむしろ革労協というよりは社青同にこだわっていました。あくまで行動委員会から党建設へという路線です。よく渋谷の道玄坂にあった社青同の事務所にも立ち寄りました。

私が東京にいた頃（裁判のための上京）は、総評青年部をめぐる主導権争いとか、早大でのK派との闘いがありました。日比谷野音での集会では、権力の前でK派は堂々と鉄パイプを持込、わが解放派は旗ザオ（竹製）だけでぶつかっていきました。何度も血まみれになりながらも突っ込んでいく反帝学評の学生部隊を目撃しました。

総評青年部といってもほとんどが官公労・国鉄・動力社労組です。本工と呼ばれた人達であり、つまり、一定の身分・賃金が保証された人たちです。下請けの人達は未組織であり、労働組合もありません。今の格差社会は既に存在していたのです。

それを法律的に制度として地位を保全したのが、小泉首相時の行政改革です。日本の代表的な大企業の労働者は同盟として、政治闘争には加わらないというものでした。こうした事情があったにせよ、労働運動史上では総評青年部の反戦・反合理化の闘いの決起には評価しうるものがありました。

社会党がとりくんだ反戦青年委員会の運動もありました。私にはこれらの潮流がそれ以後どうして衰退していったのか、問題が大き過ぎて解説できません。

だが、フランスの革命やロシアの革命は、何も組織化された党組織＝インテリ集団があっただけでは起こらなかったと思います。

バスチーユの監獄を襲って武器を奪ったのは、市民と言われる人たちではなかったのか。パリは国際的な都市でしたから。そこにいた外国人やルンペンプロレタリアートではなかったのでしょうか。

ロシア革命は、帝政の下に多くの農奴がおり、流浪している人々の群れが、ナロードニキ運動に目覚めていったから起きたのです。革命などということはそう簡単なものではないのです。

フランスやロシアのテロリスト・革命家が成功したのは、これらの下層にいた労働者、虐げられた人々という、大きな海があったからです。王政や帝政が如何に立派な監獄をつくって活動家の首をはねようとも、これらの革命にはかなわなかったのはそうした大きな海があったからです。人民の海を制御することは人間にはできない。たとえ、王朝といえども支配はすれど反対派の人々をコントロールすることはできなかったのです。

７『蜂起には至らず』小嵐九八郎様への手紙――その１

あなたは私を知らないだろうが、私は知っている。

六九年〜七〇年にかけて、東京の番外地　中野刑務所内でお会いしています。また、東京地裁でもお会いしています。

じつは、あなたのデモ計画の中で、東京築地の空に向かって火炎瓶を投げた一人です。

文筆家としてのご活躍おめでとうございます。『蜂起には至らず』の力作よく調査して書かれています。その当時にはわからなかったことを知ることができ、私の精神もいくらか軽くなっています。

そこで、この手紙の中でいささかの苦言を述べたいと思います。

私は、あの一九六九年の闘いは何だったのだろうかといまだに自問をしています。

まず組織的なことです。

もとより、六九年十〜十一月闘争は全力を挙げて決戦をいどむことは覚悟の上でした。私のような地方からの上京組は、九州・北陸地方の大学からも来ていました。私達はズブの素人集団みたいなものですが、デモの先頭に立って突撃していくことは意志一致していました。

今更何を言ってもどうにもならないのですが、私はどうも戦術的に十分準備されたものではなかったのではないかと疑問が残っています。警察の警備の中に突入していったようなものです。とは言え、こういうこともありかと思い、仲間のことは一切しゃべらず完黙を貫き通しました。しかし、四国からの上京組はほとんどが分離公判をうけ元の学生に復帰していったのも事実です。

多くの人が去りました。

その後私は中国・四国で大衆闘争をやりました。

一九七六年ごろまではK派との党派闘争もそれほどは感じることなく過ごしていました。

なによりも沖縄闘争・三里塚闘争・部落解放闘争の中央集会には必ずといってよいほど馳せ参じました。

労働者の階級的確信・強さを信じて、ルンペンプロレタリアートと言われようが頑張ってこられたのは、あなたがいた神奈川県評青婦部の闘いがあったからです。革労協がどうこうというよりは、行動委員会―プロレタア統一戦線―共同行動戦線の領域で戦うのが私の使命であると信じていました。革共同以外とは、岡山・広島ではいっしょにやっていました。（解放派潮流でした。）

中原一虐殺は言葉では言えないほどのショックでありました。

しかし、私は離脱者です。□○との死闘戦を闘ったあなたには及びません（早大闘争以来の積年の恨みがあるあなたと、私どもとの間には温度差があります）。

とはいえ、一瞬の出会いである。あなたが元気に小説を書かれていて健在の御様子、おめでとうございます。

あなたは私を含むメンバーの「高裁判決」が下された後、高裁前で集まってちょっと立ち話をしたのを覚えていますか。その時、今何をしているかの話になった時、同じ15グループの被告東Cの連中に「さすが東大はつぶしがきく」と話されました。

それから四十年後の今、私は「さすが早大政経はものが違う」とあなたに紙上で言います。

8 『ここは何処、明日への旅路』小嵐九八郎様への手紙――その2

『ここは何処、明日への旅路』の本も、身に迫る思いで読ませていただきました。

私たちの青春時代は、どこにいても、いっぱい飲み屋にいても有線放送から音楽が流れていました。仁義と義理のヤクザ映画、高倉健、渡哲也、の一人で敵陣に斬り込む姿――そして官に逮捕されていく姿に美を感じたものです。

また、歌謡曲「夢は夜開く」「カスバの女」にロマンを感じながら、フーゾクという底辺で働く女の人への思いでいっぱいでした。

マルクスの「労働者の解放はあらゆる隷属からの解放である」を確信しながら、私もその後よくこれらの歌を歌っていた時もありました。

それでは、フーゾク等のこうした仕事についている女性が解放されていくためにはどうしたらよいのでしょうか。

この本を読んであの時代の同じ空気を吸っていたものとして共通の感情があり、同一性をも感じ取りました。党派闘争と言うものは、私のようにのんびりと生き、かつズブズブの大衆運動家にはきびしいことです。

六九年十・十一月安保条約反対闘争統一被告団十五Gの一人より

9 城崎勉の判決は政治裁判=報復である

城崎勉（日本赤軍）の判決は不当である。

一九七七年にダッカ事件で超法規的措置で釈放され、その後海外に潜伏していましたが、一九九六年にアメリカに移送されました。米国からの釈放（二〇一五）後、日本でジャカルタの在外公館に対する追撃弾発射事件に関与したとして、逮捕・起訴されました。

二〇一六年に懲役十二年の判決が出されました。

私は城崎とは同年代でした。直接話をしたことはありませんが、徳大での集会で赤ヘル（社学同）が何人かいたのを覚えています。

その後、彼は私がいた組織のアジト（倉敷市水島）に立ち寄っていて、そこに荷物を置いたままどこかに行ってしまいました。会ってはいませんが、前後したわけです。

その後、アジトの移動のとき、城崎の荷物の中から彼が持っていた写真十枚位をずっと最近まで

持っていました。というのは、Ｍ作戦とかで捕まり、一九七一年に懲役十年が確定していたのを私は知っており、彼が刑務所から出てきたら渡そうと思っていたからです。その写真は今は弁護士のところにあります。

二〇一六年のジャカルタ事件に対する判決（懲役十二年）は不正当です。

①彼がこの事件に関与したというのはホテル従業員の目撃証言です。日本での法廷証言はありません。したがって、信用性がないのです。

②ホテルの一室から彼の指紋が見つかったというのは信用できません。もし彼がいたなら指紋を絶対残すようなヘマはあり得ないからです。彼の指紋が残っていたのは、アメリカＣＩＡのデッチ上げの可能性が高いのです。

③追撃弾にしてもちゃちなものであり、物理的被害も軽微なものであり、人的被害は全くありませんでした。

④城崎被告以外に犯人はあり得ないとする検察側の主張には信用性・科学性がありません。見込んだ

だけです。

これでは政治裁判（＝報復裁判）です。きちんとした司法手続きも行わず、状況証拠だけで判断したインチキです。

私は城崎と二つの共通点があります。

一つには幼少期の貧しさです。

二つには大学ではほとんど単位をとっていないということです。

貧しかったというだけでは、なぜ彼が極左に入ったのかの理由説明はつきにくい。貧しかった人は、（上昇・安定傾向も強いが）極左──全共闘に入っていく原因ではありません。闘いに決起していくのには、貧しさは燃料とはなりますが、どう生きていくかは一人一人の思想です。

二つ目は、当時大学の使命は、真理探究の場＝象牙の塔という考えがありました。

大東亜戦争時にわずかの抵抗はありましたが、軍部の支配下で言論統制下にあったことの反省からです。軍国主義一色から民主主義と自由を重んじる風潮がありました。

現に大学の教授は「全部の教科をまんべんなくやるより、これといったものをとことん追究・学究していくことが重要である」と言っていました。まじめに政治に取り組んでいったのだから、これで良しです。

反戦闘争や学生闘争をやっていた連中は、授業にも出られないほど忙しかったのです。

⑩信は変わらない──マリア像を踏まない

三つ目の問題は、安保闘争自体つきつめていくと反米・反日の考えにいたります。

この延長上に世界革命が浮かび上がってきます。アメリカはパワー大国であり、中南米はもとよりアジアにおいて民族ＭＯや共産主義運動に加入を深めていた時代、米ソ冷戦の時代でした。

この時「前段階武装蜂起論」が主張され、「国際根拠地論」をとなえる日本赤軍が形成されました。

私にしてもこうした主張は魅力的な誘惑の言葉ではありました。時代の大きな波であり、風でもありました。一度、この論理世界に入れば抜け出すことは難しいのです。


城崎勉は何故最後まで反帝国主義の主張を曲げなかったのか。

闘いで捕まって起訴された場合、もうこれで終いだという考えもあります。

裁判はどうせ最初から有罪だと決めつけているのだから、闘いの正当性をいくら主張しても無罪とはなりません。目的の正当性は個人の自由だが、手段方法がいけないというのです。

しかし、事件に対するすこしの反省をすればまたは反省したふりをすれば裁判官も人間だから減刑します。これも事実です。

ところが、彼は反日・反米・帝国主義の主張を捨てなかったのです。

私もまたそうであったし、今もそうであるのですが・・・

私の一九六九年十月の逮捕・起訴は城崎や赤軍の連中と比べて、ションベン刑です。私もまた完黙を通し、裁判官に対して、非妥協的に自らの正当性を述べ、思想的には屈服しませんでした。

あらゆる闘いや生きるということは、目的があってのものであり、絶対に守ろうとするものがあります。確信している何かがあるのです。場合によっては命よりも大切なものに違いありません。

それが彼の信でした。彼には反日・反米の考えを捨てることはできないことなのです。信念が無くなることは耐えがたいのです。


一九七〇年代の闘いは、多くの逮捕者を出しました。ほとんどがションベン刑でした。訴状を認めてさっさと裁判を済ませまた元の大学に帰っていったものは実に多いのです。偽りであっても裁判官・検事に頭を下げたのです。

統一裁判の要求をけられ、分離にされた二十数グループの公判闘争も結局は大したことになりませんでした。

現実論としては裁判に公正さなどは一切ないのです。あるのは、刑法上の罪となりうるかどうかだけ法廷で争われ、集団示威行動はバラバラにされて一人一人に有罪判決が出されてハイ終りです。社会的背景や意図は無視されます。社会的に強者である国家は、若者らの抵抗を許しはしないのです。個人責任原理というものです。

二〇二八年には城崎は満期となって出獄します。その時まであと五年、私も生きて彼に会いたいものです。

刑務所での服役が殉教死とならないことを祈ります。

下世話風に考えれば、法廷でいくらかの反省的なことを述べて、刑を短くしてもらうことをしていれば――もう七〇代なのだからと思います。

彼の激情は法廷でも火花を散らしたそうです。

やっぱりそうかなあと思います。自分の思想とか信念とかはそれほど重いものです。

まるで江戸期のキリスト教徒が踏み絵（マリア像）を踏まず、死におもむいていったのと似ています。

イエス・キリストが死に向かっていったのも、自ら「神の子」として措定して生き、教えてきた以上、それを完成させる必要があったのではないでしょうか。

仏教界においても、「どのような人であれ念仏一つで救われる」という本願念仏の中に親鸞も空也も一遍も生きていました。

織田の支配に対して、瀬戸内の人々とくに一向宗の人達が二度にもわたって織田信長との海戦を切り拓いていったのは、死を恐れない「ナムアミダブツ・ナムアミダブツ」の信仰心でした。

城崎君も、私と同世代の人です。元気に服役して無事生還してくれることを待っています。

七〇年当時私は、あなたとは闘いの立場や方法が違っていました。革命論が異なっていました。

けれども、同じ時代に権力と闘った者として、同じ空気を吸って生きていた者として、共有・共感しうる部分もあります。

くり返しになりますが、この裁判は十分な証拠立証もなく事件そのものをフレームアップした政治裁判と言えます。テロルに恐怖するあまり、ちょっとした反対行動さえも重罰化して長期拘留し一般社会から隔離せんとするものです。政治裁判は思想弾圧でもあります。

一般的に言えば、反米・反帝主義という人間はいくらでもいます。思想を裁かないと言いながら、実は裁いているのです。

残念ながら、私はあなたの公判闘争に何もなすことができませんでした。生きて還ってこられることを希っています。人間の一番大事な自己確信である思想を守り抜いた孤軍奮闘の城崎戦士、死なずに生きてふたたび我々の前にあらわれてくれることを願います。まさに信念の人です。

⓫ 面白がってデモに行く人もいる

デモをおもしろがる連中もいました。

最初にデモに参加した人は緊張でいっぱいとなります。何と言っても警察が怖い、パクられはしまいかと気になる。

デモは、まず集会があって、いろんな団体のあいさつ・決意表明がなされます。会場で配布されるビラを読んだり、アジテーションを聞いたりします。

一九六七・六八年頃はヘルメットの着用こそありませんでしたが、帽子位は被っていました。

スクラムを組んでいくのですが、順不同だから男女入り乱れて、今日はラッキーだったと思ったりもしました。やがて、ヘルメットと手ぬぐい＝タオルが当たり前となっていきました。

ある時、善通寺の普通科連隊にデモに行くことになって、高松からバスで向かいました。ところが、そのうちの一人が酒くさい。どこでどのように手に入れたのかわからないのですが、ヘルメットの上にニワトリのとさかを乗っけている学生がいました。酒とニワトリのにおいでくさくてたまらないのですが、当人は興奮しているので何を言ってもダメでした。

あれはいったい何だったのでしょうか。警察へのイヤミの表現だったのでしょうか。

デモは見るものを異常な興奮に導くこともあります。東京にデモに行ったとき、そのうちの一人が「立川基地へ行こう、おもろいぜ」というので一緒に行きました。見物人です。その人は徳島県反戦の活動家でした。

行ってみると、正門前の周辺には二百くらいの見物人が立っています。

ベトナム戦争で故障した戦車を横須賀港から運び入れているのです。これを阻止しようと諸派の学生が入れ替わり登場しては機動隊と衝突する。見物人は学生部隊が登場すると、拍手をしたりどよめきが起こる。やはり赤ヘルが一番人気です。

付近のサラリーマンは「毎晩ここにきている。もう三日も会社を休んでいる、明日は行かんとヤバイ」と言っていました。デモは関係のない人をも興奮させるのです。

ちょっと離れたところの二階に「ビアガーデン」がありました。

デモを見るのには好位置なので、二人で中に入り、ビールを飲んでゆったりとデモ見物としゃれることにしました。一杯飲みながら、デモ隊がやってくるのを今か今かと他の客と一緒に待っていました。そのうち、見物人同士が言い争いをしだして、ケンカになってしまいました。すると、さっきの兄さん、三日も休んでいるお兄さんが、下に降りて行って竹竿を持ってきて、相手を突いたり、叩いたりし始めました。その兄さんが言うことには「あんな節度のないやつは許せん。デモの非難をするのは、あれはヤクザだ、あんなやつは許せん」というのです。

警察と一緒になっていたヤクザは、このお兄さんの一撃で逃げてしまいました。

このお兄さんは毎晩警察と学生の衝突を見ていて、いつの間にかゲバ学生に気持ちを寄せていったのでしょうか。支配されこき使われている労働者の根底には自らの階級性があります。存在そのものが権力（国家と資本）に対して不満があり、正義感があるのではないでしょうか。

理論とイデオロギーがなくても人は考え、行動するのではないでしょうか。

⑫デモ隊の中にとり込まれた機動隊

七〇～七二年の沖縄闘争は中央集会があって、よく多くの学生が集っていました。

デモは明治公園から東京駅か新橋かまでの距離です。五～十キロ位でしたが、途中赤坂見附でまっすぐ行けば国会に至ります。警備はここで国会へ行かせまいとします。

学生部隊は竹ザオ部隊・スクラム部隊でここを突破しようとする。機動隊も必死で国会に行かせまいとする。学生部隊は、渦巻き状になりながらいったん後退してから、体勢を立て直してぶつかっていきました。

機動隊も指揮が乱れて、そのうちの何人かはデモ隊の渦の中に巻き込まれてしまい、本隊から孤立し、デモ隊の中に引き込まれてしまっているものが出てきたりしました。

デモ隊もそれに気づかず、体勢を立て直して整理する。そして再びデモ行進に移ります。

ふっと気がつけば、デモ隊の中に機動隊がいる。その時には、学生部隊は日頃のうっぷんでとり囲んで殴るは蹴るはでさすがの機動隊の兄ちゃんも茫然自失してへたり込んでいました。

部隊はデモ行進に入っているので、そんなお兄ちゃんをちゃんと規制に入っている機動隊にお返ししたこともありました。

デモ隊は道路上の左側を行進するのですが、歩側帯には多くの野次馬、見物人、市民、そして公安がウヨウヨしています。それぞれが仕事をしています。ただし誰もが黙っています。

この当時までは、歩道には石がありました。ブロックもありました。

見物人や市民も、デモ隊への支持が多かった。デモ隊は何の武器も持っていませんでしたが、周りには石がありました。

機動隊は、ガス銃を放つこともありました。装備をしている警察対デモ隊の構図では、見物人はどちらに味方するか言わずもがなです。歩道の敷石は剥がれ、道路上に散乱していました。

催涙ガスには、人体に有害なものが含まれています。タオルで鼻を覆うのですが、のど、粘膜を刺激します。目を開けてはいられません。我々は懸命に敷石を投げ返しました。

第2部

第7章　チリ交で二度目の再生

1 反戦運動から突然チリ交へ

一九七〇年代は反戦運動、労働運動、基地闘争といろんなことがありましたが、一九七七年、突然私は消えてしまいました。

今までの過去の延長戦ではやっていけなくなったのです。かつての仲間たちから去ってしまうのは、ほんとうに苦しかった。この一〜二年のことは――それは言えません。

ただ運動・組織から離れて暮らしてみたいとも思いました。みんなが笑って生きているように見えました。

お金は全くありませんでした。

お金も欲しかったし、なんでもない友人や遊び人と声をかけ合う生活をしたかったのです。

しかし三十才にもなって、仕事に対する知識や技術、経歴がない。あせりにあせりました。そこで廃品回収の仕事を始めました。

新聞広告を見て、「チリ交日当一万も可」に魅せられて、面接に行きました。

そこで一ヶ月働いてみましたが、一日働けば六～八千円ぐらいにはなるという程度でした。これは自営するに限ると思って、借金して（三十万円ぐらい）トラック中古を購入しました。製紙原料直納問屋が当時岡山には三つありました。

それから五～六年、チリ紙交換をひたすら、雨ふり以外はずっとやりました。

一日働けば、買い取った新聞・雑誌・本は、だいたい平均して一・五トン位になりました。それを毎朝直納問屋かまたは直接製紙工場に持っていくわけです。

値段は一キロが新聞十四円 雑誌類十二円ぐらいの相場で一日働いても大した収入とならないのでチリ交をやる人は少なかったです。岡山市だけで十人足らずですからみな顔なじみになります。

やがてこの人達のなかから、鉄屑集めに移ったり、中古商品センターをやるものが出てきました。ひと月働いて二十～三十万円ぐらいにはなりました。

はじめて、自分一人で商売（売買）ができてうれしかった。一人前の平均的な生活をするために、休む日はありませんでした。朝晩は人より一～二時間は余分に働きました。

働きものであるということは恥ずかしいことではありません。働いて金を得ることの喜びを、三十歳になってはじめて味わいました。一日働いて一万円になった日はことにうれしかったものです。

2 ひもでくってなくてもけっこう

「あの街、この街、どこの街、
みんな出しましょうチリ紙交換、みんな出しちゃえチリ紙交換、
ご家庭に古新聞・古雑誌はございませんでしょうか、お宅までお伺いいたします。
なお、ひもでくってなくてもけっこうです」

まあこんな調子で、岡山—倉敷地区の住宅地を回っていました。

トラックを止めて、各家庭から運んできた故紙を荷台に乗せるのは重労働です。

三〜四年まじめにやっているうちにこんな仕事をいつまでも続けていくわけにはいかない、これでは身体をこわしてしまうと考えました。

かといってほかに仕事はない。

故紙の値段が下がってしまうと、利益はそれだけ減ります。

もう、やめたいと思っていたところ、一九七三年の第一次オイルショックと同じことが起きました。

一九八〇年頃第二次オイルショックとなり、原油と同じく紙パルプ原料が一挙に高くなったのです。

新聞紙一キロが問屋買値が三倍ぐらい、十四円から三十七円まで上がりました。

ここは、今まで根気よくあちこちの街で経験を積んでいた者の勝ちです。どこに行けばよくとれるのか、どこが良く古新聞を出してくれるところなのか知り尽くしているのですから。土地をよく知っ

ているものは、商売で勝つことができます。どういうわけかは知りませんが、同業者は少し稼ぐと仕事をやめます。酒とギャンブル（パチンコ）に走ります。私はこんなキツイ仕事をした結果のお金ですから遊ぶことはしません。

いそいでたくさんの人が参入してきましたが、あまり集めてくることが出来ません。四～六か月間私は稼がせていただきました。六か月後にはチリ交の人数が一挙に増加し、分け前が無くなりました。稼ぐことができなくなった時、チリ交人生の終了を決意しました。

チリ交をやっていろんな家庭を回っていると、古雑誌や単行本、エロ雑誌が良く出されました。そこに余録があるのです。プラスαの利得なのです。

これはという本が一日に何冊かは出ます。まとまって出てくることもあります。

もっともおいしいのは、エロ雑誌です。当時ビニール本というのが出始めていて、たいていは新聞紙にくるんで十字のひもをかけて中身を隠していました。隠していてもその束を手にすると、わかります。プロのカンです。これに出くわすことがあれば大喜びです。

この頃から日本のまんがブームが爆発的にはじまり、まんがの単行本が次から次へと出版されました。チリ交にもよく出るようになっていました。

❸ チリ交は資源再生と本のリユースである

このチリ交で集めた本を古本屋にもっていけば、お金になるのです。当時岡山にあった民衆文庫さんが私が毎日より分けておいた本を定期的に買いに来てくれていました。民衆文庫の主人はクリスチャンでした。

ほかにも余録が結構ありました。ボロ布・衣類とか車の中古バッテリー等を良い値で引き取ってくれるところがあるのです。

古本屋に足しげく赴くことも重要です。

本棚を見て回り、どんな本が価値が高いのか、どんなものが売れるのかを知りました。

週刊ジャンプ、マガジンや雑誌なども古本屋で売れるのを知りました。ずっと昔の、戦後に出たような婦人雑誌には小さな付録冊子がついていて、家庭料理、手芸、漬物の漬け方なんかの特集号は売れていました。

戸板においていて面陳でおいておくと良く売れるのです。家庭料理はみなそれぞれの家庭で味付けをしていた時代です。

岡山での十五年間、革命とチリ交の生活は終り、松山で古本屋という未知の世界に入りました。松山に来たのは、兄姉が住んでいたからです。

とはいえ、すぐに開店オープンというわけにはいきません。

トラック一台に引越しの荷物をつみこみ、岡山で集めた古本を載せて、まだ四国高速道のない時代、いまの旧道を通ってきました。

岡山の市営住宅にその朝見送りに来てくれたのはたった一人、香川大学でともに戦ったかつての同志でした。別れていくその日の朝、その友は非常にがっくりしていました。お前がいなくなるとさびしいというのです。

岡山でともに戦った人たちと別れ、新たな地に出発していく私と女房と息子。

トヨエース一トンのチリ紙交換車に乗り、ガタガタと松山へ来ました。

下津井—丸亀のフェリーで四国の地に足を踏み入れました。

トラックの荷台にはわずかの所帯道具があるだけです。思い出の地岡山を去るのは辛かった。

新天地松山に希望を抱き、長男（四歳）と女房との三人岡山脱出の旅でした。

カナンの地を目指した移動でした。

ここから古本屋 写楽堂の歴史がはじまります。

❹ 集めてきたものをなんぼで買ってくれるかがすべて

私のケース

毎度おなじみのチリ紙交換のお話です。

古本屋にも公然の秘密があります。

それは古本の仕入をチリ交の人から買入していることです。

これはお客に知られるとちょっとまずい。汚いというイメージがついてしまうからです。

だからお客の前では、ちゃんとした家柄の紳士から買っていると豪語します。または本屋業者間の市で買う。だが、もとをただせばそれもチリ交から買ったものが多かったのです。


一九八〇年代の頃、古本屋が全国的にニョキニョキ出てきたのは、このチリ交の大量発生があったからこそです。

いくらか見下げた言い方で、街の中を「古新聞・古雑誌はありませんか」とトラックで流していく人々をチリ紙交換と言います。こういった人々は自嘲気味に自らをチリ交と言います。チリ紙を用意しておいて、これを古新聞などと交換するところから名づけられたのです。

私も三十〜三十五才頃までの間チリ交でした。このチリ交には二種類がありました。トラック一台を所有している人たちと、製紙原料問屋のその下に作られた飯場＝建屋からそのトラックをリースしている人達の二種類です。

自分でトラックを所有している人は、その日その日仕事をするかしないかは自由です。

ところが、トラックをリースしている人達は懸命です。リース料を払わないと、トラックを貸してもらえない。もう後がない人が多かった。それは何故か？

故紙の回収先は、再生紙工場です。大企業です。

紙の使用量がその国の経済発展度を測る尺度と見なされていた時期、一九八〇年前後です。高度成長が始まっていた時期はオイルショックが重なり、回収された故紙原料の問屋価格がゆるやかな上昇となっていました。

私がチリ交となった時期は、第二次オイルショック後であり、故紙の価格は暴落していました。新聞—雑誌がそれぞれ一キロ三～七円の売り値でした。この価格では、利益がほとんど出ません。それが一キロ七～十二円とやっと回復してきたのが一九七七年であり、それでやっと採算が合うようになってきました。一九七八～一九八三年頃にはすこし値が上がってきました。

そうすると、トラックを何台か所有してそれをリースして故紙を回収する業者が出てき始めました。岡山資源とかという名前だったと思うが、そこが「チリ交一万円可」という新聞広告を出していました。

そこに一ヶ月ほどいましたが、ちょっと危険な雰囲気があった会社でした。私がそこから離れ独立した時、トラブルも発生しました。後に述べるように、この会社社長はそこの従業員に殺されてしまったのです。

5 チリ交の仕事とは—海路の日和

それでも新聞が一キロ十二～十四円、雑誌七～九円で一日あたり一、五〇〇キロ集めてくれば、どうにか一万二千円～一万五千円の売上げがありました。

この売上げから、トラック一台の償却費、駐車場代、トイレットペーパー代、ガソリン代を引くと手元には一ヶ月二十万円そこそこです。

岡山―倉敷の二つを合わせて百万都市です。ここでのチリ交の数がわずか十名足らずでした。当時は他にもっと稼げる仕事があったのでチリ交の数も少なかったのです。

失意にあった自分だからこそ続けられたと思います。

五年の間にもたえず値段の変動がありました。値段が少し高くなると、たくさんのチリ交が発生しました。

チリ交のスピーカー「古新聞、古雑誌はありませんか」の声が街のいたるところで響いていました。チリ交は互いが競争相手です。分断と競争の中で生き抜いていくのには、孤独に耐えてトラックを走らせることです。

他よりすこしでも多くの故紙を集めていくには、どの街をどのようにトラックを走らせるかにかかっています。魚を釣る人にはわかりますが、釣れるポイントがあるのです。そこを外すと釣れません。古新聞を良く出してくれるポイント（＝街の一角）があるのです。

私は、高層住宅はボイコット、何故ならエレベーターを使って上下するのに多くの時間を要するからです。また新しい住宅街にも行きません。

この中間層の人達にはエリート意識があります。いらなくなった新聞紙を出す、この交換システムでトイレットペーパーを一～二個もらうことに意味づけがないのです。

ですから、郊外の一戸建て住宅を回っていても稼ぐことができないことを知りました。よく稼げるところは旧市街で人口密度が高いところでした。

新人のチリ交さんは、たいていこのことで失敗します。チリ交はトラックを街の中のどのコースを流すかにかかっているのです。

夏の間、トラックの中でクーラーをつけるわけにはいきません。窓を開けて走らせないと、お客からの呼ぶ声が聞こえないからです。

冬は寒くて手足が冷たくなります。ほとんどのお客様は故紙をひもでくくってはいませんので、こちらでPPのひもでくくって運ぶのですが、手の指が裂けて血が出ます。ひび割れがおきて痛くなります。

6 オイルショックで紙価は高騰

私の得意とする地区は、倉敷旧市街、児島、笠岡、福山でした。早朝から出かけ外が明るいうちは働きます。

トラックに新聞・雑誌を積み込むのにも、放り込み・投げ込みはいけません。すきまがないように整然と揃えていくのです。こうしないと一・五トンは積めません。

こうした仕事の中でも、ラッキーなのが「生き本」です。これはと思った本が出てきます。古本屋が買ってくれるものです。

二〜三の古本屋と付き合っていました。古着や使えなくなった自動車の古バッテリーなんかもよくガレージにありましたから、声をかけてもらっていました。こうして何とか仕事をやってきました。一九八〇年の頃です。五年間もやっていると、不安になってきました。そろそろやめ頃だと思っていると、故紙の値段が高騰してきました。新聞紙が一挙に三倍近くに跳ね上がったのです。それまで一ヶ月二十〜三十万円の売上げが、九十〜百万円になるのです。これは二度とないチャンスです。今まで誰にも負けないくらいの回収量を誇っていたのです。今まで頑張ってきたことが無駄ではなかったのです。しかし、この好況（高騰）も長くは続きません。四ヶ月ほどの期間でした。

待てば海路の日和ありでした。この時に儲けた金が古本屋開業資金になりました。

この価格の高騰の原因は、製紙工場の技術革新でした。今までとは違った脱墨技術が導入され、これによる需要の増加があったからです。

7 チリ交仲間が私の古本屋開店に協力

この時に得た友人＝チリ交との関係は岡山から松山に来てからもずっと続きました。これは重要なことです。というのは、私が松山で古本屋を始めてからもずっと応援してくれたからです。月に一度松山から岡山へ古本＝商品を買いに出かけていました。この当時の古本屋の主要商品であった、コミック、文庫本、ロマンス文庫・新書・エロ雑誌・アダルト写真集は、ほとんどが、その出自がチリ交からでした。

故紙の高騰のおかげで、古本屋開業の資金ができました。岡山から松山へ来てからも二年ほどチリ交をやっていました。

故紙再生の需要が高まって価格は安定してきました。

一九八三年当時松山ではチリ交がほとんどいませんでした。地方都市では故紙の発生量が少ないということなのでしょうか。しかし、ゴミの中に混入されていて、燃やしていたのではないだろうかと考えるのは事実と違います。

松山には故紙買入の問屋が二つしかありませんでした。チリ交が松山には少なかった理由はその二者の間に暗黙の安価な買入価格協定が生まれていたからです。この価格協定─故紙買取価格の固定化を破壊して新規参入してきたのが、愛媛県故紙回収センターです。大阪方式のやり方でトラックをリースしての故紙回収です。

一挙にチリ交が増えました。故紙買入価格も上がりました。

私はすでに古本屋を創業していました。今度は今までと逆の立場となりました。チリ交が集めてきた生き本を買う立場です。

チリ交もまた悲しい存在です。値段が高くなれば競争が激烈となって一日の回収量がそれだけ減ってくる、値段が下がれば回収量は多くなりますが、いずれにしても収入は減ります。末端の下部で集配する業者は、分断と競争の下で働かざるをえません。

一ヶ月の収入がわずかの中でチリ交は生活をしていました。生き本を古本屋に買ってもらい生活をしているチリ交もたくさんいました。古本屋を開業してからは、チリ交からよくお金の無心にあいました。彼らの苦しい実情を知っていますから、無下には断れません。古本屋は、商売の元になる生き本を持ってくる人からの借入申込を受けるかどうかの悩みがありました。

8 けれどチリ交の末路は淋しい、悲哀①

古本屋さんによってチリ交への対応は違ってきます。私はなんとか彼らの役に立ってあげようとしましたが、何もできません。他人の生き方を変えることはできません。何人かのケースをもって、彼らへの鎮魂歌にしたいと思います。

●安野さん（仮名）のケース
ちょくちょく本を持ってきてくれました。シニカルな一人主義の人で口数も少なかった。やせた人でした。

ある時、新聞紙上で彼の不審死が知らされました。身内の方が連絡が取れないのでかけつけて見つけたそうです。

これは餓死だったのではないかと思っています。五〜六年間のチリ紙交換人生でありました。

●今田さん（仮名）のケース

ときどき思いがけない貴重な本を持ってきてくれた人です。離婚歴あり。

この人は、今でいう「良い仕事ですね（なんでも鑑定団のセリフ）」を地で行っていました。

彼は、他のチリ交が回らない田舎に行っていました。旧家が残っていて、そこにはお宝ものがよくあったのです。土蔵の中から出してきたような古書が見つかる場合がありました。

この場合、私ができるだけ高く買ってあげることが彼のインセンティブになります。

いま私が持っている映画ポスターも彼が発掘したものです。

彼にとっては、金が一時的に入ってきても、次に何をやるかの目標がありません。それで三～五万円くらいになったときは、そのお金が無くなるまでバーのねえちゃんや赤ちょうちんに行きます。そういうことがつづくとお店の方も信用してツケで飲ませます。酒とカラオケ・パチンコが好きな人でした。

柳の下にはそうはドジョウがいません。

スナックのママさんにせっつかれてタクシーで私の自宅まで来て金を貸してくれと頼まれたこともありました。

この今田さんもやがてガンにおかされてしまいました。

何度かの入退院の後、私にも連絡が来ました。この時今田さんの面倒を見ている仲間がいました。

それで私と三人でお別れ会として焼肉屋に行きました。

その場所で今田さんの面倒を見ている仲間があれこれと世話をしているのを聞いて「足しにしてくれ」と言って×万円を見舞金として渡しました。

今田さんが見ていないと思って隠して渡したのですが、さとられました。

翌日電話がかかってきて「あの金は俺にくれたのだろう」と言うのです。

二人の間でバトルがはじまっていたのです。今田さんはその後一ヶ月くらいで亡くなりました。

●伊野さん（仮名）のケース
病院に入っている時、日常品、テレビの視聴カードが買えないので何とかしてくれとせがまれました。彼も長い間チリ交をしましたが、病院で亡くなりました。

9 けれどチリ交の末路は淋しい、悲哀②

●山下さん（仮名）のケース
岡山の建場（チリ交が生活している会社のプレハブ寮）に二、三か月に一遍、本を買いに行っていました。

朝、本人の許可をもらって彼の部屋で「生き本」の計算をして、夕方の帰りを待ちます。

通称タッちゃんは、私から本の代金をもらって（＝本代として）ニコッとして、奥の部屋にあるのも見てくれたかとたずねてきました。あ、そこにもあったのかと急いで本を見て値段をつけました。

私が七千円ほどの値段を付けたところタッちゃんはあろうことか五千円札をとってこれから遠いところに（岡山↓松山）帰るのだから何かうまいものを途中で喰ってくれと渡すのです。

勿論受け取れません。

私がもらった金で買い物――夕飯を買いに行きました。タッちゃんは夕飯の支度です。

やがてその飯場の若い連中がなけなしの金を近くのパチンコ屋ですって二～三人帰ってきました。タッちゃんはその人たちにごちそうをふるまっているのです。どうしてふるまうのかと尋ねたところタッちゃんは「この人達がいるから私もここで働けるのだから」というのです。

タッちゃんはほんとうにやさしい人です。私もタッちゃんの人間性に興味を持ち、今までの過去をつい聞いてしまいました。

九州を出て千葉県のコンビナートの製鉄所で働き結婚しました。その会社の合理化で首を切られました。仕事も探したがありません。それで盗みのグループに入ったのです。車の免許証はなかったので、盗んできた盗品の売買役をしていました。その時にはすでに離婚していて、子供はタッちゃんが引き取っていました。

タッちゃんが言うには、こんなことをしてはいつかは捕まる、そしたらこの子は困ると考えたそうです。

それで「盗人のグループに今までのお礼を述べた手紙を書いて、その場から広島県福山市に息子ひとりを連れて逃げて行った」ようです。

すると親切な人がいてリヤカーを貸してくれたそうです。

商店街などでは梱包していた商品をひらけた後の段ボールの処理に困っていました。それを回収して、現金をえていたのですが、子供連れのリヤカー引きということで地元新聞に大きく載ったそうです。これがイヤになって福山を離れたそうです。

それから倉敷に来て川辺の小屋で暮らしていたところ、周辺住民の通報で警察が来て保護されたそうです。

警察は車の免許を取らせてくれる故紙原料問屋を紹介してくれたそうです。それ以来チリ交をしてきたということです。

この話を聞いて、あれこれするうちに夜も遅くなり帰ろうとすると、またしてもビックリするような発言がありました。

「今まで何回も古本屋に本を持って行って買ってもらったが、顔も見てくれなかった。古本屋の主人がこのように私と話してくれたのは今日がはじめてです」

古本屋には二つの仕事の側面があります。すなわち「売買」、「売る」と「買う」です。この双方を大事にしていくことが大切です。

売買は一瞬にして決まりますが、そこに人間的な交流＝感動がないと長続きはしません。

古本屋の買取値はその店の考え方次第です。価格が決まっているものではありません。チリ交の本を買うことは、仕入れの源流です。ここに信用をどう根付かせていくのかが古本屋の器量です。

資本が少ない古本屋と何も持たないチリ交の熱いドラマは今も続いています。

⑩けれどチリ交の末路は淋しい、悲哀③

●吉田さん（仮名）のケース

二〇〇〇年を過ぎたころ、チリ交の時代が終わり、故紙の回収は委託となりました。チリ交の元気な人は、市の委託事業（企業）の社員となっていきました。チリ交から委託制度に変わっていく間に、ゴミ集積所から昼・夜となくこれを持ち去る個人業者が生まれてきました。この持ち帰り業者をアパッチと呼んで特別報道をした地元テレビ局もありました。まるで犯罪者の扱いです。チリ交から持ち去り業者になっていった人はほとんどいません。

小泉首相の業務改革は、経済の二重構造として格差を生んでいきました。この時に松山でもたくさんのホームレスが生み出されました。

彼らの中にはゴミ集積所から生き本を探しては古本屋に持っていってそれを売り生きている人もいました。市役所の地下通路は段ボールハウスだらけでした。このホームレスたちと、車での持ち去り業者の二種類が併存していたのですが、対立構造にはなりません。互いに助け合って生きていました。

市役所は勝手に持ち帰ってくれるのだから、収集・運搬費用が掛からない分、税金支出も少なくなるはずですが、そうはいきませんでした。

被委託業者からのクレームです。

委託費はたっぷりくれて、それに要る費用は十分出してくれて、持って帰った故紙はタダ。故紙の市場値があるものを、タダで引き取っていたのですから、甘いアメです。

やがて市役所は、ゴミ処理――運搬委託業者と契約しているのだから、それを取ってはいけないというのです。

ここらへんの事情はちょっと複雑なので省きますが、行政の委託は、きちんとした第三者機関の監査委員会によって審査されなければいけません。ここらへの行政による監査報告書はあるにはあったのですが甘い甘いものです。

吉田さんの場合はホームレスをやっていましたが、地下中（市役所の地下通路）では世話役でした。

⓫ホームレスは公園土手で花見はできない

●有川（仮名）さんのケース

ホームレスにとって冬はきびしい寒さです。だんだんと春めいてきて石手川の桜も満開となりました。有川さんはホームレス仲間でも人気のある親分肌の人です。

すこし、余分な金が入ったので石手川土手で花見会をやろうと話が持ち上がりました。

バーベキューをやっていたところ通行人といざこざになりました。警察が駆けつけてきて、押し問答となり、その時、警察官が土手から落ちたのです。

公務執行妨害で逮捕です。逮捕され留置場に入れられ、起訴されました。

後になって私の仕事を手伝ってもらったことがあります。有川さんはその時寂しそうに私に語りました。

「ここで花見をしてはいけんというので、その警察官に文句を言っていただけなのに、警察官を投げ飛ばして石手川に突き落としたとされてしまった」

だいたい警察官たるものは、危険な場所では職務をしません。不審質問をする際にも、安全な場所に誘導して説得するのが常識です。しかし、ごく些細なことでも事件にしてなんぼのものですから、ちょっとしたいさかいを事件にしたがる傾向があります。

オウム事件のときも、警察官のコロビが話題となりましたが、このケースもそうです。

市民運動では、抗議活動のとき警察官や相手方は事件を作りたがって、コロビをやります。ですから、市民運動では「コロビに気を付けろ」と警戒して行動しています。沖縄の人達、基地反対闘争をやっている人達は警察や行政府の人との話はその場に座ってやります。

やがて市は、ゴミ集積所から故紙を持ち去るのは交通事故につながる危険行為だとして、市条例の摘要を強行しました。ホームレスといえども既得権者ですが、ひろいの補償はしてくれませんでした。ひろいの行為を職業として認めていないからです。実際にホームレスに心を寄せる政策はしません。

私は前から生活保護の申請をするべきであると彼らを説得をしていたのですが、なかなかしません。その理由が「病気になって倒れないと、保護は通らない」というものです。これは彼らの偏見・

予断ですが、みんなそう思っていました。

まだほかにも理由はあります。親族に知られるのがいやだとか、申請する住所がないなどです。

有川さんはこの後、生活保護下に入りましたが、すぐにガンにかかってしまいました。

抗がん剤治療を受けましたがステージⅣですから回復は見込めません。二週間ほど四国がんセンターに行きましたが、歩くことさえもできないのに入院はさせてもらえません。

それで私は終末の緩和病院を探しました。重信町のある病院が受け付けてくれましたが、担当医の女医さんは「うちではガン治療はできません。それでよろしいですか」ということで入院です。入院のお世話は、同じホームレスの一人がやりました。病院生活は一週間ほどでした。かろうじて、病院で亡くなりましたが、彼もまた孤独死です。

死水をとってあげたのはかつてのホームレス仲間でした。

彼の前職は料理人でした。

⓬ 赤城の山に入っていく国定忠治の気持

●ササ坊（ひろい屋さん）のケース
彼は幼少のころ、水中銃での事故で片目が見えません。上級生の悪ふざけで負った事故です。

中学を出てすぐに名古屋の印刷所で仕事を始めました。その時、食道炎で入院していますが、おそらく鉛中毒によるものだと思います。退院後はトヨタやマツダで季節工をやっていましたが、契約工ですからいつまでも続きません。

五十歳を過ぎた頃にホームレスになりました。すでに父母は亡くなっていました。それでもふるさとに帰ればなんとかなると思って宇和島の親戚を頼っていきましたが、けんもほろろに、一夜の接待もしてくれませんでした。彼は電話ボックスで倒れ、宇和島の福祉の世話になりました。

病院から出た後、仕事を探しに行くということで旅費が支給されました。市町村にとっては都合の良い追放、ところ払いです。そうすれば福祉の支出が減らずに済むからでしょう。

それで松山に浮流し、たどり着いたのがひろい屋の稼業でした。そこで私と接点が生まれ、写楽堂に出入りすることになりました。

委託制度になってからは、これまでの本ひろいの仕事はなくなり、生活保護を申請して安アパートを借りました。彼の場合は、本ひろいをまじめにやる信用のおける人でした。それで写楽堂の店舗内の控え室に住んでもらうことにしました。少しの貯金もできました。

映画が好きで時代小説も読んでいました。幸せな時もありました。

彼は二十二年ほど年金をかけています。私どもが調査した結果、あと三年をかければ年金がもらえることがわかり、自主的に納付すれば、六十五歳から年金支給でした。

年金の支給額が七～八万円ほどになると喜んでいました。

しかし三年後、彼はがっかりします。市から年金の支給が理由で生活保護を打ち切られたのです。あと三～五万円ほどはどこかで働いてくれと圧力を強めてきました。今まで仕事がなくてホームレスをやっていた人間にはちょっと酷でした。

それを写楽堂に圧しつけたようなものです。それで写楽堂の手伝い、店の掃除をしてもらって金をつくることにしました。

それから四年後、六十九歳で亡くなりました。救急車で運ばれていった病院での最期でした。死因は、若い時働いていた印刷工場での鉛中毒が原因で食道の近くにできた腫瘍ですが、その病院では治療ができませんでした。

彼は最後に「社長！　もうだめだわ、ポットの栓が抜けんようになった。手も上に持ち上げる力がない」と言い「社長、父よりも長生きしたので満足しておる。赤城の山に入っていく国定忠治のような気持ち」という言葉を遺して死んでいきました。

彼もまた「孤独死」です。

⑬リヤカー引きのオジさんと犬

まだ岡山に居る時、私はちょくちょく松山に来ることがありました。一九七六年頃のことです。故紙原料問屋に段ボールを山盛りにして売りに来る老人がいました。重いリヤカーを犬に引っ張ってもらっています。

私もチリ交をしていましたので二、三言葉を交わすことになりました。その時、リヤカーの中から一冊の本をとって私にくれました。

表紙に「中国の指導者　周恩来」の写っているものでした。この人も日本軍国主義の被害者であるに違いないと思いました。

軍国主義者に強制的に徴集された兵士、その家族にとって、中国戦線の相手は敵ではありましたが、同時に日本の戦争を止めてくれた解放者でもありました。侵略戦争に駆り出された人々にとっては、戦争を終わらせることが最大の願いでした。

この願いをかなえてくれた中国の指導者に対して、胸の内では、感謝に似た気持ちが起きてくるのではないでしょうか。一九七二年の日中国交回復をひそかに喜ぶ人たちの中には、このリアカー引きのおじさんみたいな人が無数にいたに違いないのです。

ある時、私も朝の仕事を終えて（＝前日買っていた故紙を建場におろして金をもらう）二階にある喫茶店に行きました。下に下りてきてみるとその老人は犬にパンをちぎりちぎりやっていました。老人には威厳がありました。

今、三番町通り（飲み屋街）に一つの地蔵さんが建っています。そこには「つらかろう、俺も乞食を五十年」と彫られています。

私はこの老人が十円易者　村上桂山であったと思っています。一九七六年に七十一才で亡くなっています。

⓮故紙の委託制度は利権のかたまり

ほんとうにたくさんのチリ交といわれた人間がいました。今はチリ紙交換車は街から消えていきました。そこで働いていた人達の人生はつらいものでした。一人一人のチリ交にはどうしようもない社会変化と社会構造があったのです。再生紙業界のシステムと国・行政の企業環境保全政策は、チリ交の犠牲のものとでなされていきました。しかしチリ交に対する何らの保護もありませんでした。

故紙収集のシステムは大きく言えば、製紙大企業↓商事会社↓直納問屋↓寄せ場―チリ交です。経済が成長していく過程では、最底辺に生きるチリ交もそれなりに恩恵を受けていました。しかし、バブルがはじけると、製紙会社は原料買取価格を低くする。でもこの段階ではまだ市場原理が機能していました。

やがてそれ以上の合理化が要求されてきます。

更に登場したのが行政による大企業支援のプロジェクトである委託制度です。

直納問屋にすれば、随意契約（チリ交・ひろい屋の仕事をうばう「故紙収集運搬委託契約」）によって安定的な収入となる取引です。この委託制度を仕組んだのは、製紙大企業と商事会社でした。

政府と地方自治体は、この故紙運搬収集委託制度にとびついたのです。

街からチリ交の姿は消え、値段の上げ・下げによる需要と供給のバランスは国と大企業による統制へと移行しました。

これはいわば資本主義の死ではないのか、と思えます。

チリ交を自らもやり、その後も見続けてきた者にとっては、資本主義の最も原動力となってきた自由主義が無くなってきたことです。国による統制経済への移行は市場原理がきかなくなり官僚主義がはびこり権威主義となります。ワイロが横行する社会となるのです。

二〇一五年十月には松山市廃棄物対策課の課長四十八歳が自殺するという事件が起きました。廃棄物収集業者から松山市の立ち入り検査の情報を教えた見返りに、外車を受け取ったということです。

公務員はワイロを拒否するという精神が絶対条件です。自らの仕事に対する高い倫理性が必要です。ひろい屋の問題は、もともとゴミでもないし、再生できる紙資源の問題ですから、本来は産業課です。産業課が扱うべきことを清掃課がやるから、ゴミでもないものをゴミだとするのです。紙の委託制度には、ワイロが発生する危険が十分にありました。

ピラミッドの最底辺、チリ交に生きた人達には過酷の日々でした。チリ交の首がパッサリと切られました。

⓯チリ交は楽しかったか

チリ交はすぐにでもやれる仕事でした。運転免許だけで日銭が入ったからです。

チリ交にふさわしい身なりをして、にぎやかな街の中に集配のトラックを走らせていきました。周囲の視線は何とも思いませんでした。とにかく、お金が欲しかったのです。

学生運動や労働運動の時も、その後も、ほんとうに貧しかった。チリ交が手にする金は少なかろうが、やればやるだけ収入が増えてくるものだからうれしかった。仲間たちとの交流も楽しかった。

そしてチリ交で得たお金で古本屋開業の資金ができました。

働けば働くだけ収入が増加するチリ交の世界はなんて良かったか、無事大学を卒業して企業に入った同級生たちは、どんな人生であったのだろうか。

十年遅れて社会に入った私にもやっと春が来たのです。

しかし、チリ交の仕事は激しい労働です。始終緊張が必要です。そこを私は耐えてきました。がしかしいつまでもやっていくという心構えには至りませんでした。


それで次は古本屋です。別に私の経営が良かったとか、うまかったとかはありませんでした。一九八〇年代こそが良き時代でした。

高度成長（一九六〇年~八〇年）を支えてきたベトナム特需こそが日本経済を潤してきたのです。チリ交の時代も古本屋の時代もよくよく考えてみれば日本中がバブルでした。それがはじければ、残ったものは実質・実体経済です。

朝鮮戦争もベトナム戦争もバブルの原動力であったという他人の不幸が我が身の幸せというアイロニーでした。

今それが問われている！　今まで問われなかったことが問われているのです。

学者でなくても、これ位のことはわかります。日本の実体経済は世界に通用するのか、日本をとりまく国際情勢も変わっています。あらゆる分野における戦略が問われているのです。
だが、私には力もないし、時間がない。

私のやってきたことは終わりです。
新しいことがどこかで始まっている。何かが動いている。
学浅くして是を知らず。是を知りても語るべき友はもういません。

第8章 本をひろう人、売る人

1 ホームレスはひろった本で食っていく

ホームレスとは、定住するホームがない人達です。かつて日本中にあふれていました。松山市内のあちこちにもたむろしていました。城山公園（=松山球場）などにテントがいくつも建っていましたから多くの人が目にしたと思います。

他称、テント村の村長という人もいました。やがて撤去されました。市役所の地下通路には段ボールハウスがいくつも立っていました。二〇一〇年頃までのことです。彼らはよく公園のベンチにたむろしていました。

この時期に、トラックで故紙を集めていく人が数人はいました。ひろい屋さんと誰ともなしにいわれていました。

故紙の価格が安くて（一キロが三円そこそこ）、それを集めて故紙買入問屋に持ち込んだとしてもいくらにもなりません。

昔からですが、自転車で各地区のゴミステーションを回って、その中から本をひろって古本屋に持っていく人がいました。

昔からとは江戸時代ということです。この職業に新規に参入するホームレスが出始めたのは、一九九〇年代のことです。

ホームレスには二種類のパターンがあります。歩きと自転車です。

ホームレスでも本の目利きができない人は古本屋には出入りしません。ひろった本をくり返し古本屋に持っていって、これは売れる本、売れない本だという学習をくり返しします。そこで立派なひろい屋さん、かせげるひろい屋さんとなります。

故紙をひろって製紙原料問屋に売るトラック所有者もこれは高く売れる本だと思うと古本屋に持っていきます。

かくしてホームレスの大半は本をひろって古本屋に持っていきます。古本屋に直接本を持っていく市民層もいますが、エロ・ナンセンス・コミックなどはゴミステーションに捨てます。その中からお宝をさがして古本屋に売るのがひろい屋さんです。これも一つの職業です。

漁師が仕掛けをして魚をとり、それを売るのと同じです。

2 目利きのきく人、よく働く人

市民がゴミとして捨てた本の中から、金・銀・銅を見つけるのがひろい屋さんです。

そのひろい屋さんのなした業績のなかから、これは金であると査定し、ふたたび本読みの市場に伺いをかけるのが古本屋です。

故紙の値段が安い時は、チリ紙交換は古本屋に本を売ることで生計を立てていました。チリ紙交換も必死です。故紙を買い集めてそれを売るのですが、値段が安くて食っていけない。当座をしのぐために会社に前借りするのですが、返済ができません。

こんなこともありました。

一九七九年頃私が岡山にいた頃、チリ紙交換を教えてもらったのは「岡山資源」という会社でした。その会社は、裏では金貸をやっていました。困った人間に金を貸してむさぼるのです。いきおい、取り立てがきつくなり、金を借りたチリ交を追い詰めていきました。ついに、そのチリ交は、会社の社長を殺害し、放火するという事件になりました。一九八〇年ごろに実際に起きた事件です。

松山でこうした事件が起きなかったことは幸いです。

私のケースは、一日一万円も可という新聞の広告にひかれてその会社に入ったのですが、すぐにやばいと感じて、自分でトラックを買って、一本どっこのチリ交になりました。

これを知ったこの社長はベンツに乗って私が故紙を卸している原料問屋に来て脅迫してきました。私は断固としてこれをはねのけました。

それから二～三年後に、社長は寝ているところを襲われて死亡しました。

故紙価格の変動とその収集過程における寄せ場とチリ交の凄惨な闘いです。

❸ホームレス―ひろい屋―古本屋は同じ仲間

ここでひろい屋は二つに分かれます。

一つは歩きまたは自転車でひろっていく人たちと、トラックで主として新聞・段ボールなどの故紙をひろっていくそれです。

古本を故紙のなかからひろって持ってくることが当たり前になると、それを買う古本屋も自らひろい屋になってきます。

さらにこれを会社法人として別個に作る古本屋も生まれてきました。寄せ屋の基地です。私の聞いた話では岡山の××堂です。合理的なことです。


さて、写楽堂はどうなっていったのか。この事は外部から見ている限り分かりにくいと思います。

ホームレスでひろい屋になっていった人と日常的に会っているとどうなるのか、人間はすぐ近くにいる人に愛情がわいてきます。親しみができ、この人達を何とかしてあげたいと思いはじめます。何しろ自らもチリ交を五~六年間してきたわけですから共通感情を抱くようになります。写楽堂も会社ですから繁盛したい、そのためにはチリ交さんにも元気でいてほしいという気持ちになるのです。

もしひろい屋さんがいなくなれば、古本屋さん自らがひろい屋にならなければなりません。

古本屋さんは、じつはひろい屋なのです。モノづくりの人間ではありません。

ひろい屋がモノをひろって売るから、商業利得が生じてきて食ってこれたのです。

このため、すなわち、ひろい屋さんに共通の感情と愛情が生じてきたために、写楽堂のものがたりが出来上がりました。

4 社会の再編と格差社会

古本屋にとってはひろってきた本であろうが、お客が持ち込んできた本であろうが、店に入った時点では同じ価値です。

ホームレスそしてひろい屋さんはほとんどがいい人です。

一部には同じひろい屋さんに対して強いライバル意識や敵対意識を持っている人もいます。

自らの利害を守るためには強い自我がなければいけません。大金になる本はそうはありません。競争が生じます。

最初にゴミステーションに手を付けたものに収取権がありますので、その人がもう良いというまでそばで待っていなければいけません。これといった事件もなく仲よく秩序だっていました。先着者がいなくなるまでその場で待っています。いい本をひろった者、全く金にならなかった者、毎日が悲喜劇でした。

このひろい屋さんたちは産業社会の変化でリストラされていった人が多かったのです。多くの人が社会から、家族から、愛情と支援を受けてこなかった。すなわち教育・社会支援が受けられなかった人々です。

高校・大学に行けた人は、多くの財政的支援を受けています。学士になれるのも、大学の教職員の給料・維持費があってのものです。大企業に入れば、それなりの教育や技能が取得できます。零細企業では考えられないほどの教育・文化・給与がえられます。

学歴社会はじつに恐ろしいものです。この格差で苦しんでいる人がいるのです。

親や社会から支援や愛情を受けられなかったものの、何とかして生きていこうとする人達がいます。

このような中で写楽堂社長がつくり上げたもの、それが写楽堂ものがたりです。

ゴミステーションに捨てられた本を大切に育てた写楽堂はこれから一体何をするのでしょうか。

果たして鬼退治をするほどの強い会社となるでしょうか――わかりません。

(ひろった本であって、ひろうのは取ることですが、とるという言葉は盗るともつながり、よく住民・市役所ともめていました。)

5 松山市はひろい屋を根絶やしにした

事態は急転回していきました。

トラック部隊がステーションのなかの故紙を根こそぎ持っていくのです。

いきおい四つある故紙問屋が奪い合いとなります。

故紙価格が低迷している時期に、故紙収集運搬委託契約を結んでいます。

収集運搬の仕事量は減って、委託先である故紙問屋はそれだけ利益は大きくなりますが、もう一方ではトラック部隊が持ってきた故紙については買取金を支出するわけですから思わしくありません。

委託業者と市が協議をし、トラック部隊を追放、なくすことに舵が切られます。この事態は、全国で起きてきました。


市役所清掃課と委託業者はまずマスコミ――この場合は地方テレビ局を使って、トラック部隊のイメージをならず者――アパッチと印象付けます。

ゴミステーションから故紙をトラックの荷台に載せていく場面を盗撮してニュースとして流します。

人物の顔にはモザイクをかけます。まるで犯罪現場であるかのごとく印象付けました。


ゴミ置き場にあるものを持っていくことは、むしろいいことです。

再利用したり再生するために、そして生きていくためにしているのですから。


市と業者はさらに計画を練ります。その決定打が資源物持ち去り禁止条例の制定です。

まず四業者に対して、これらの持ち去りモノを買わないように申し入れますが、四業者は持ち去りモノと集団回収やチリ交が集めたモノの区別はつかないとして実施不能と主張します。裏では持ち去りモノを買っておきながら買ってはいないとウソを言っています。

それで急いで、条例制定の準備に取りかかりました。

6 高額な随意契約で取集委託導入

この時、写楽丸が躍り出てきます。

条例制定の二年前だったと思いますが、私の頭では故紙収集運搬委託の金額が高すぎるという点に注目して、ここから調べていきました。

市清掃課に足を運び「ぬきとり、ひろい」行為は法律違反ではないことを強調し、これらを行う個人・業者を保護すべきことを主張しました。

のれんに腕押しがつづきましたが、市職員の対応は普通でした。

そこでこの委託契約がクセ者であると——何らかの欠陥があるとみて、過去三年分の委託契約の行政資料の公開を請求しました。

住民監査請求に係る監査請求を起こすことに決め、監査委員会に提出をしました。

二回目の監査請求は、高額な委託料の問題とは別に、委託契約が随意契約になっていることを取り上げました。異常な高額契約は不当な公金の支出にあたります。

監査請求をすると直接請求者の意見を聞くという公聴会らしきものがありますが、これは、お寺の御本尊仏にお念仏を唱えるのと全く同じです。

聴いていたえらい地元企業の元トップは一言も発しません。司会者の「はじめます」「ご発言をして下さい」「おわります」、そこに座っていることがこの人の仕事です。

二回目もさしたる効果はありません。次は住民訴訟をするかどうかです。

相談に行った弁護士さんは、私の持っていった書類を私の目の前で読んで「これはあなたが書いたものか」と二回訊ねただけでした。

全く私一人で考え、故紙収集運搬委託契約が今までの慣例、民間事業の領域に行政が介入すること——資源回収をゴミとして扱うことは、呼び名改変のマジックであると訴えました。

二～三か月後にその結果が通知されました。これ以上追求することは、住民訴訟へ至ります。

7 行政支出の監査請求を出す——否決

私が頼りにしていた支援者は、ひろい屋さんと中小のゴミ収集運搬業者のみです。松山市に二度の監査請求を出しました。が、私も忙しい身体です、住民訴訟にまでもっていって闘うというエネルギーが出てきません。

じゃあ何の効果もなかったかと言うと、そうでもありません。

①委託契約が随意契約から指名競争入札に変わりました。

しかし、これは効果のない名ばかりのごまかしです。

入札には随意・指名競争・一般競争、の三つがありますが、前の二つはほとんど効果はありません。集めたモノを市の指定するところに運ぶだけの委託事業は、特別の技能や技術はいりません。委託費を公正な競争を行って値段を下げていくことは公益です。

②私が審査請求をしただけで、ひろいの期間が一年間延長されたといわれ、ひろい屋さんや古本屋さんから喜ばれました。

③収集運搬された故紙はどこへ行ったのでしょうか。文書上では、市の指定する場所となっています。捨てたのか、燃やしたのか・・・

実は委託業者がこれをプレスして製紙工場へ売っていたのです。

収集運搬をして運ばれた故紙は、それぞれの会社工場に横流しされ無償供与をつづけていました。その同じ買取現場では、持ち込まれた一般の人には有価物としてお金を支払いながら、市清掃課にはお金は払わないのです。運搬収集委託業者が同じく製紙原料問屋をやっているから、こういうことが起きたのです。

指名委託業者になれば、運搬費を出してもらえて仕入れはタダなのです。

8 否決されたが、収穫もあったぜ

この点については写楽丸は声を荒げ、机をたたき、激しく叱責をしました。

左手でモノをくれた人には金を払い、右手でモノを与えてくれた人には金を払えないのか。清掃課はウンともスンともいえません。写楽丸もあの足利鉱毒事件の救済に立ち上がり、帝国議会で声を張り上げた田中正造大先生には及びませんが、義憤というものです。全学連のアジのごとく叫んでしまいました。

これは後に、故紙売渡契約となり、タダで献上することをやめました。これは写楽丸の手柄です。市は収入が年間千〜五千万円増えました。

以上ひろい屋の写楽丸と五〜六人の助さん格さんによって成果はありました。

さて、持ち去り禁止条例によって、ゴミ収集問題が解決しメデタシメデタシとなるのか、市清掃の条例運用が公的利益につながっているのか、検証する必要があります。次の点です。

①故紙収集運搬委託契約を、一般競争入札制度に。

大きな問屋が四つあって、松山地区を四つに分けて、一日に四回の入札会があるようでは、業者の思惑通りとなります。

大きな問屋同士が競争し合って、二地区・三地区でも取れるような入札制度にしないと、競争原理による委託費の削減はできません。

②持ち去り禁止条例の実施状況を検証しなおす。

パトロールは実際に必要なのか、費用対効果があるのか、無駄な公金支出はない方が良い。

③持ち去り禁止条例に違反したひろい屋に罰金二十万円は、実際の被害金額から考えて過酷です。

9 高知でのチリ交は楽し

岡山から引っ越してきて間もない頃、私は松山でも二年ほどチリ紙交換をしていました。日銭を稼ぎながら、古本屋オープンの準備をしていたのです。

一九八二～八三年頃にはすでに、愛媛県故紙センターという大きな製紙原料問屋ができていました。トラックをリースして、個人にチリ交をさせるというスタイルがついに四国にもでき上がったのです。

この時松山では、古くから二業者のみであったところに一業者の参入があったおかげで競争原理が働き、一般・チリ交の売渡値が上がりました。

チリ交は、土・日には家族がよく家の中にいることから、他の曜日よりエモノが多い。しかも南予のほうにはチリ交がいなくて、松山から三時間かけていっても採算が合っていました。

とくに宇和島は、家が密集していて、よく新聞や雑誌を出してくれました。朝の四時ごろには松山を出発し、峠を三つ（中山・犬寄・法華津）超えて、八時ごろからスピーカーを鳴らしました。

夜は六時頃宇和島を出発して、十時ごろに松山に着いていました。

やがて高知にも行くようになり、紙の売値一キロ十四～十八円ぐらいで二トンほど買うので、三～四万円の収入となりました。

次の朝、高知にある問屋におろすことになります。現金払いです。

どういうわけか、高知人は親切でした。問屋のヤードには入口にトラックの計量器があって、そこで重量を計る。簡単な事務所がありました。そこの二階休憩室に泊まれというのです。ここの社長にはずいぶんとお世話になりました。筆舌に尽くしがたい親切と友情をもらった恩人です。昼間働いて夜はそこで泊まらせてくれるわ、おまけに自宅に招いてお酒をふるまってくれたのです。土佐人の気質でしょうか、あの絵金（江戸時代の絵師）のおどろおどろしい屛風がストリートに立ち並ぶ高知県赤岡町です。

この会社の社長は、ビルマ戦線の生き残りでした。戦友の慰霊にビルマに行って帰ってから、間もなく亡くなりました。御子息は、戦友の霊が呼んだんだと言っていました。御子息二人があとを継いでいます。

土佐弁にはあたたかい情がこもっています。ただ酒のおかわりができないようでは土佐人とは付き合えません。「おんしは、おまんはおれのついだ酒を飲めんのか」と絡んでくるのです。

後に私が古本屋をオープンしてからも、コミック・文庫などちゃんと片隅によけておいて、出してくれました。五～六年は、二か月に一回高知まで取りに行っていました。

私はチリ交をしていた時に付き合っていた岡山や高知から、大量に特別の仕入がありました。このことが写楽堂の競争力であり、写楽堂発展の秘密でした。

企業には、他社にはない仕入れの秘密が必要です。

高知での思い出は他にもあります。

問屋の倉庫前に、段ボールを集めてきたリヤカー引きが開店を待っている。何台も続いている。「オープンをしても動かんので、近寄って声をかけてみると返事がない。死んどんですよ。今年の冬は寒さが厳しくて、もう何人もですよ」と言っていました。

⑩高知のあぶないオッちゃん

岡山では、リヤカーに七輪を載せていて米を炊くおじさん、灰の中に手を突っ込んで金属をひろう人、電線工事をしている電柱の真下で、銅線の切れ端が落ちてくるのをじっと待っている人がいました。非鉄金属は故紙よりはるかに高いのです。この非鉄金属（銅・アルミ）のことを「ヒカリモン」というのです。

ある時、私が高知でスピーカーを鳴らして紙を集めていると、同業者がすっと近寄ってきて、「ビニ本を買ってくれ」と。二十冊ほどです。

「計算を早くしてくれ、値を付けてくれ」とせかすのです。私はこれに引っ掛かってしまった。というのは五千〜七千円ほどだったのですが、後で買ったそれをよく点検してみると、中が濡れているものでした。

古本は中に水濡れ・汚れがあると売れません。ゴミを買わされたわけです。

この同業者にはまだおまけがあります。不良品を売りつけてから二時間ほどたった時です。

口に注射針をくわえて、また寄ってくるのです。

「良質のものが手に入った。○・一の純なやつだぜ。三千円にまけとくから一発うたないか」とおっしゃるのです。私に不良品のビニ本を売りつけた金でシャブをどこかに買いに行っていたのです。二重に儲けようとする立派な商売人ではありますが・・・。

どことなくあらわれ、消えていったあのおじさんはまだ生きているだろうか。

＝＝＝

それから二十年ほど経ったころ、高知県のある製紙原料問屋の社長から、明日道後温泉に行くから、一杯付き合ってくれという一報がありました。

道後温泉のある旅館に二十～三十人が集っていました。

どうしたことかといぶかるとじつは高知のライバルでもあるもう一つの製紙原料問屋を吸収するということで、今日はその統一を記念するイベントなのだというのです。ただ相手のことをここは立てて、会社名は二つの会社を一つにするのだそうです。

じつにすばらしい手打式です。私がその手打式の見届け人だということになってしまいました。

まるでヤクザ映画の手打式みたいになってしまったのです。

そこの社長はいつも「チリ紙交換をしていた人で、まっことこれだけやったものは他にはおらんぜよ」と言って、写楽堂と私をほめたたえてくれるのです。感謝の至りです。

酒と情と仕事に生きる高知県人、思い出すだけでも熱くなるぜ！

第9章　写楽堂（古本屋）ものがたり（創立・繁栄・衰退）

1 松山の古本屋事情

松山にはかつて最盛期の一九九〇年頃には、四十店舗ほどの古本屋が街中にひしめき合っていました。時系列として四つに区分されるのではないかと思います。

第一潮流として、明屋書店古書部と坊ちゃん書房（創業一九六一年）です。つづいて東京神田古書店で修業してきた愛媛堂です。この三つが御三家です。じつに立派な風格と定評がありました。愛媛県古書組合加盟の王者です。

第二潮流として、一九八三年～、城北雑誌（その名の通り学生街・城北地区）と写楽堂です。古本市場への新規参入者です。

第三潮流は一九九〇年～、この第一と第二の流れの中から枝分かれしていった分家と言ってもいいと思われます。写楽堂から分離独立していった「もいち堂」・「アゲイン」、明屋書店古書部からの「らいぶ」は第一潮流＝愛媛県古書組合に合流し、再び第一潮流は最盛期に入っていきました。

この第一～三潮流期は、古書ファンにとっては良き時代であったと思われます。

お客にとっては選択肢がぐっと増え、毎日でも古本屋巡りを楽しむことができます。お客は、これらの店舗を使い分けていました。

世は大量出版の時代、バブル経済のなかにあって、本や雑誌があふれていました。仕入れれば売れていく時代です。

古本の内容としてはコミック、文庫本、エロ系雑誌、写真集、ファミコンソフト・CD・DVDでした。

2 黄金期と黒船の来航　消えゆく街の古本屋と第四の波

黄金期の繁栄は、一九八〇年〜二〇一〇年の約三十年間でしたが、やがてその終わりがやってきました。

街なかから消えていく古本屋　その要因は何であったのか・・・

第四の潮流です。ブックオフ、ブックマートなどの大型チェーン店の登場です。

経営的にもフランチャイズは安定しています。比較もできないほどの小資本を打ち負かすことは容易なことでした。

店舗面積は三〜十倍ほど広く、本の冊数も断然多く、広いスペースの駐車場があるロードサイドという立地です。

価格の安さ、値段付の簡略化なども人を引き付けるものがありました。

街の古本屋さんはじわじわと経営が苦しくなっていきました。

四十数店舗の古本屋はだんだんとその数を減らしていきました。もともと松山市とその近郊に三十～四十店舗というのは人口比にしては過剰でした。一九六〇～一九八〇年の間はわずか三店舗であった古本屋が十倍以上になっていたのです。

私は二〇〇〇年頃には古本屋経営可能の限界線を越えていたと思います。三十～四十店舗が稼いでいた売り上げを一挙にすくい上げ飲みこんでいったのがブックオフです。フランチャイズの賢さはここにあります。資本と経営の分離がその核心です。資本主義的競争の残酷な場面です。すべての商品市場の歴史はこのようにして発展していくのです。

要因の二つ目は、社会の発展――情報革命です。

これによって町の古本屋さんが扱っていた商品＝本が、技術の進歩＝ＩＴ革命により変わっていったのです。アナログからデジタル、そしてさらにインターネットの普及です。

街の古本屋さんには売る商品がなくなっていったのです。

静かに、ゆっくりと崩壊・自滅していく古本屋でした。

❸おーい、松山の古本屋はどうなっているんだ？

かくして街の古本屋さん、「もいち堂」「らいぶ」が消え、古参の老舗店第一潮流の「坊ちゃん書房」が消えました。

学生に親しまれ愛されていた第二潮流の「城北雑誌」も消え、「写楽堂（城北店）」も消えました。

こうした状況下、第四潮流がでてきたのは大きな希望です。

黄金時代を知らない若い世代の登場です。二〇一八年〜リアル古本屋の復活は良いニュースがつづいていきました。

第四の潮流は古書組合の重鎮「愛媛堂」を中心とした三つの新たな開店です。

会社定年後、古書店経営を熱望し実現した「猛牛堂（松山市道後）」、
早くからネット販売を展開していた「トマト書房（松山市萱町）」、
商店街復興プロジェクトの一環としての「浮雲（松山市柳井町）」です。

これらの新店舗にはコミックやエロ雑誌などは全くなく、古書本流の正統派です。

まるで、神田古書街の老舗がそのまま松山に引っ越してきた感があります。

これらの店舗の中には、各種イベント、読書会をやっている店もあります。ここに結集する愛媛県古書組合の面々はほんとに元気です。

とりわけ四国他三県、大阪の同業者も参加しているブックマルシェは、松山市でのはじめての本格的な古書祭りです。

これらの三店舗は、リアル店舗とネットサイトの両方をやっています。

ホームページやラインを利用した今どきの本屋です。

まだまだ本は死なないし、社会的有用性はあります。二〇〇〇年以上の長きにわたってつづいてき

た活字は生きています。

私達の脳は、活字を見て物事を認識し考えていくシステムを持っています。

古本屋の役割、存在意義ははかり知れません。消えていく街の古本屋と再生・新生の古本屋があるのです。

「トマト書房」「猛牛堂」「浮雲」そして頑張っている長寿店最古参の「愛媛堂」、「ヤング（松山市保免）」「みなみ書店（砥部町）」に栄光あれ！

後述：（松山の古書店の概観・歴史を大まかに分類し書きました。各店にとって失礼の箇所もあるかと思いますが、同業のよしみとしてお許しください！　二〇二二年八月吉日）

4 写楽堂社長へのインタビュー――多店舗について

司会：今日は街の古本屋さんというテーマで、いつ頃からどんな人がどのようにして相次いで出店していったのか、どんなお店だったのでしょうか、第二潮流の写楽堂社長に聞いていきます。

【問い】いつ頃から出店ラッシュがはじまったのでしょうか？

答：一九八二年頃、城北雑誌（道後北代店）が最初でした。

写楽堂は此花町にオープン、すぐに清水町に移転しました。

【問い】どれくらいのお店の広さで、どんなものが並べられていましたか?
答:広さは十坪程度。主にコミック、エロ系雑誌が主でした。
答:当時はまだ小説とか専門書はそれほど出回っていなかったのではないでしょうか。

テレビでアニメが放映されていました、人気コミック(亀有派出所、ドカベン、ドラえもん、ゴルゴ13 etc.)などは店に出すとすぐに売れる時代でした。

大きな声では言えませんが、ビニール本(エロ系)が良く売れていました。お客さんがどこで手に入れるのかわからなかったのですが、店への持ち込みが多かった。仕入れしてレジのそばに積み上げていくと、お客が勝手に掘り出して売ってくれということもありました。

【問い】第二潮流の二店舗の新規参入は、松山古本市場にどんなインパクトを与えたでしょうか。
答:老舗の三店舗(明屋書店古書部、坊ちゃん書房、愛媛堂)にはあまり影響しなかったようです。

老舗店は場所的にも松山市中心街にあり、売っている本が固い本です。文学、歴史、社会学、経済学とかの固い本がおいてありました。写楽堂・城北雑誌の二店舗は中心から離れていて、柔らかい本が多いと認知されていましたからね。

しかし実際は、老舗店も結構エロ系も扱っていましたよ。

【問い】写楽堂対城北雑誌はどのような競合が起きていましたか？

答：城北地区での競合は、城北雑誌が強かったです。道後樋又通りの写楽堂はちょっとショボイお客でした。

城北雑誌は個性的かつ妖しいお店、今のドンキホーテのようでした。特色のあるお店で若い人たちを引きつけていました。城北雑誌と比べると、写楽堂清水店は見劣りのしたお店でした。城北雑誌の勝ちでした。

【問い】城下の闘いに敗れた写楽堂、どう体制を立て直したのですか。

答：ロードサイドに古本のスーパーを建てようと物件を捜していました。

スーパーには何故あんなにたくさんのお客がくるのかと思い、国道沿いの空きテナントを探していました。その時、山越に物件が見つかりました。

大家さんが「こんなところでは本屋はやれない、もっと街の中心に行かないとダメだ」という位でした。一冊百円の本を売っては家賃は払えないのではないかと心配していました。実際には郊外の需要が大きかった。

新刊の本屋さんも、この頃にはダウンタウンから離れたところに扇状のように拡がっていました。

写楽堂山越店をオープンしたのはヒットでした。

街中は確かに円状にお客がいるのですが、ロードサイドはずっと直線的な広がりがあります。車社会――モータリゼーションの発達で、若い消費意欲のある人たちは郊外にマイホームを持っていましたから。

5 写楽堂社長へのインタビュー――お店の理念とは

【問い】写楽堂山越店の理念（お店づくりのコンセプト）はどんなもので、客をひきつけていったのですか

答：単純なことで、スーパーの方式を取り入れようとしたことです。

私の理念の一つには、今までの古本屋は裏通りにあって、店が暗いイメージでした。これでは若い客は来ない。一部のマニアや本好きの人達しか来ない暗いイメージを取り除くことから始めました。明るい古本屋のコンセプトでした。

①ハード面にお金をかけることです。

本棚はベニヤ板で作ったようなイメージを一掃して、明るいものにしました。工務店に注文して、白っぽいもの、水色の本棚を作りました。照明も明るくしました。一間《いっけん》（一・八m）の巾の本棚に約十万円はかけました。大変な投資です。

②私には新刊書店でいったん売れた本は必ず売れるという信念みたいなものがありました。それは何故かというと、人気の本を新刊でどんどん買って読むことができるのは一部の富裕層だけですから。買いたくても買えない人たちがいるのです。

だから値段が安くなる古本屋でお気に入りの本を買おうとしている人たちもいるのです。

【問い】その結果はどうなりましたか

答：これからは、女性や子どもも若人も来れるような店づくりということで「明るい古本屋」を理念としました。

従来の狭い通路、暗い雰囲気を除くために尽力しました。

店員のユニフォームも作りました。新刊の本屋さんに負けないような明るさを演出したのです。

【問い】ソフト面（売る商品）ではどんな工夫をされましたか。コミック以外にはどんな商品に目をつけられましたか？

答：ある時、ふと本町書店に立ち寄ったところ、店主がテレビゲームを子供らにやらせているのを見ました。

店主が「君のところでもやったらどうか。子どもが毎日ようけ来るで」と話があったのです。

ファミコンソフト（スーパーマリオ）の売買を始めたのが、お客を引きつける転換点でした。山越店はお店の容量が他の競合店よりも大きかったため、たくさんの客が集まり始めました。

音の分野でも、レコードからＣＤに変わっていくときにはいち早く売り場を拡げ、これは成功しました。

後にはスターウォーズの時代、フィギュアにも目を付けましたが、これは営業としては不成功でした。おもしろＢＯＸをつくり、お店空間を一般のお客に貸して、売れた分の歩合をいただくことも始めました。主としてフィギュアの出品者が多かったです。
お客をひきつけることにおいては良かったと思います。

❻写楽堂社長へのインタビュー――外販はどうだったか

【問い】写楽堂さんは、フジで外販をやっていましたね。どんなことがきっかけだったのでしょうか。

答：一号店の清水店では店番に交代で人を雇っていましたが、お客も少なく給料の支払いにも困るさまでした。

そのとき、お店に来ていた私と同年代の人に、仕入れも少ないし良い本も集まらん、人も来んといった話をしました。すると、その人からフジでいま古書市をやっているよと教えられたのがキッカケです。

その人は親切なことに、すぐさまフジ商品部に面談のアポを取ってくれました。

やがてフジの全店に毎週出かけていくことになりました。

【問い】フジではどんな本が売れましたか？

答：立地、場所によってこんなにも売れるものが違うのか、売り上げが違ってくるのかを知りました。

高度成長期の中でもありましたので、スーパーの客層、主婦が読むような料理・手芸本がたまげるほど売れました。

まんがも良く売れました。

それから約二年程トラック一・五トンに本をのせて、スーパーの店頭や催事場で愛媛県下の市に行きました。

ただ、フジは、大きな店舗では良く売れるのですが小さい店舗にも行かされます。小さい店舗では採算が合いませんでした。


【問い】外販は何年ほどつづきましたか。それを何故おやめになられたのでしょうか?

答：外販での売上げはだんだんと落ちてきました。

外販は、場所を一区画（スーパーの店頭）借りて賃料を払ってやるのですが、その設置と撤去はかなりの重労働です。

だが、このしんどさの中から、多くのことを学ぶことができました。

設置と撤去のコストがかかる点から、それでは松山市内に〝写楽堂の支店をつくったほうが良いのではないか〟ということになりました。


【問い】外販と八つの店舗を共にやっていく社員がいたのですね。

答：はじめの二～三年間はうまくいきました。二股にかけた展開です。

一番多い時は、従業員（社員＋パート）が七十～八十人位いました。

利益は出ないが、金は何とか回っていました。

若い社員のＸ氏と店を取り仕切っていたＹ氏が双輪となって体制をとりました。

Ｘ氏は学生の頃からのバイト生でしたが、外販を全県下くまなく回って、フジの店頭での古本まつりをやってくれました。

もう一方では、市内に八か所、松前町に一か所の計九店舗を相次いで出店しました。

社員の勉強をはかるために古本屋のメッカ神田古書店街にも二～三泊の研修旅行に出かけるようにしました。

古書店での本の価格は東京が中心となって決定されているので、そこで勉強してこようというわけです。高田馬場の五十嵐書店や神田の中野書店は喜んでお店を見せてくれました。励ましてもくれました。いい思い出がつくれました。

私とこの二人の社員は、この時期五～七年間はうまくいっていました。五年以上たつと、社員たちも商売を覚え、独立してやりたいと思うのは当然です。

この問題への解決が私の引き出しにはなかったことがすこし後に混迷の原因となりました。

7 写楽堂社長へのインタビュー――法人設立のきっかけは？

【問い】法人としての会社設立のきっかけはいつでしたか？

答：山越本店が何とかやっていけるようになった頃、信用金庫の支店長から、会社法人を作ってはどうですかと提案がありました。

個人商店が年収七百万円を超えると、会社をつくっておいたほうが税務上得であるとの助言を受けました。それと従業員が増えていくと、年金・健康保険への加入問題が起きてくるので個人商店では対応が難しい、という二点から設立しました。

【問い】山越本店、その他七店舗は順調に経営できたのでしょうか。

答：まことにおかげさまで、街から郊外ロードサイドの時代三〜五年間は平和でした。

しかし、好調の中にも、問題が出始めていました。

利益が出ているにもかかわらず、資金繰りに苦しむことになりました。

従業員に相談するわけにもいかず、内心にとどめていました。

従業員から見れば、売り上げが上がっているのだから、給料を上げてくれと思うようになるのは当然でしょう。

社長としては、それにこたえようとします。

中古市場の特性は、在庫問題です。上から次々と水を足していかないと、飲み水（＝売上）はなくなります。

とにかく、七〜八店舗で、お客が持ってくるものはどんどん買いまくっていったのです。

当然売れ残り、ダブつきも出始めてきました。ことの重大性に気づかなかったのです。

社長としての私は大雑把に考えているだけで、問題の本質を見抜く力はありませんでした。

【問い】不良在庫がどのようにして発生し、その結果はどうなるのですか。それでどうしましたか。

答：一番の問題は、ファミコンソフトの仕入、そのうちの新品仕入が問題だったのです。その金額が大きいのに驚きました。

①新品の仕入れは正価の八十％現金です。正価で売れて二十％の利益ですが、そうはいきません。新品はすぐに二十〜四十％と下っていく商品が多いのです。それなのに写楽堂では売価変更を行っていませんでした。

もともと新品をやり始めた目的は、ファミコンファンを逃さないようにして、その客が中古として売りに来ることを当てにしていたのですが、外れました。新品は、最初はドッと売れるのですが、大半は売れ残りました。

帳簿上は、定価の八十％仕入れが記入されていますから、在庫が大量に残っています。財務上利益はすこし出ているのですが、資金ショートを起こしていたのです。

すなわち利益分が在庫として残っているわけですから現金不足です。いわゆる黒字倒産にもつながります。

それで写楽堂がとった対策はシンプルなものです。

①新品については、今ある在庫値段の六十％で売って現金にしていくこと。これを損切りと言います。

②中古品については、同じく八十％で売って現金化していくこと。

この二点によって資金繰り、マネーフロウがうまくいきました。

メデタシではなく、ダメダシとなりましたが、現金の回収がより大事なことでした。

8 写楽堂社長へのインタビュー――労働組合設立の要求

【問い】そのときに労働組合の設立、交渉が通告されたわけですね。社長のとった基本的政策は何でしたか？

答：私は基本的態度として、組合をつくった従業員の心を傷つけないようにしようとしました。組合をつくって労働条件を上げていこうとする従業員の気持ちを大切にしようと思いました。

従業員も大変でしょうが、社長もかなり動揺していました。

まず自分の考えを決める前に、第三者の意見を聞くことにしました。

松山商工会議所、A銀行、県商工課に行って相談し、アドバイスを受けました。激励もうけました。

ここでのアドバイスは四点です。

「会社の存続を第一に考えて対処する」

「できることは認めてあげる」

「相手の要求全部認めなければいけないわけではない」

「賃上げはよく考えてする。収益が上がったからと言って上げると、下がったときには賃金を下げてくれるわけではない」


【問い】組合の設立要求はその後どうなりましたか。

答：組合の要求について検討し、団交＝話し合いの場に臨もうとしたとき、委員長である会社の部長（本当は部長には組合資格はありません）が、突然体調悪化を理由に出勤しなくなりました。ほどなく一身上の都合で退職願が出されました。

結局、組合の代表がいなくなってしまったわけで、団交は行われませんでした。組合書記長は沈黙しました。

この部長（外販の責任者）は、明らかに業務の推進をしてはくれません。業務として承認されていないパソコン雑誌を買って研究をしています。注意をしても聞きません。それで一年辛抱して待ってから解雇を通告しました。部長の抵抗にあったわけです。


【問い】組合の設立というより大脱走、分裂だったのではないですか？

答：部長でもあり、組合委員長であったA部長の辞職後、№1の書記長もやめてしまいました。

組合設立は、新会社「もいち堂」の設立のためだということがわかりました。

「もいち堂」の開業により、写楽堂の主だった従業員のほとんどがスカウトされて辞めてしまいました。

私は重要な、有能な人材を失ってしまいました。相当落ち込みました。お一人フクロウになりました。もっとも大半の従業員は失ったけれどもこのことによる宝物＝メリットも発生してきました。それは言えませんが・・・。個人的に聞いてくれればお答えします。

要するに組合設立という取引は悪いことばかりではありませんでした。

【問い】この分裂騒動の結末はどうなりましたか？

答：大半の従業員が次から次へと「もいち堂」に移っていくわけですから、写楽堂の九店舗維持はできません。

この騒動の結果、松山市内の七店舗のうち四店舗の維持は難しいと判断して、逐次閉店していきました。ブックオフの久米地区への出店も相まって、これでは勝ち目はないと判断して執行しました。

その後「もいち堂」は、松山東方面にも二号店の支店を出し、ここでの闘いはひとまず写楽堂の敗北でした。

「もいち堂」は同時に愛媛県古書組合にも加入し、ご活躍をされました。

写楽堂はなすすべもなく、ただ見ているばかりでした。

分裂して新会社をつくってやるのは良いが、次から次へと従業員が引っこ抜かれていくのはたまったものではなかったです。

それでもこんなことは気にしている時間がありません。今までも苦境の中でやってきたことだし、どうってことはありませんでした。

残ったパートさんが力を合わせて、去っていった人間の仕事をカバーしてくれたし、より結束も強くなりました。

9 従業員大脱走後の新たな挑戦とは？【松山の古本屋　写楽堂】

かくして写楽堂を出て行った人達は、「もいち堂」という結集体をつくり愛媛県古書組合に加入し活躍をしていったのはご承知の通りです。

四～五年間は、古書組合は断然有利となりました。とりわけ松山南では「らいぶ」さん、「もいち堂」さんがよく健闘していました。この時期の愛媛県古書組合は全盛期だったのではないでしょうか。

「らいぶ」さんのお店は、ＣＤ・ＤＶＤも充実していてよくお客を引きつけていたし、「もいち堂」さんは古書・郷土史が充実していました。

この時、巨大ザメ＝ブックオフさんが登場してきました。

こうなると写楽堂は、「もいち堂」さん、「らいぶ」さんのさらにその上のブックオフと競合していかなければなりません。負けるに決まっています。

いち早くやめることにしました。闘って敗けたならもっと出費が重なってきます。

この時期に、写楽堂松前店はオープンしていましたので何とかここでしのごうとしました。

まあまあ良かったのは四〜五年間であったと思います。この時の構図は、古書組合×写楽堂・城北雑誌×ブックオフ×ブックマートとなります。

写楽堂山越本店は既定のお客・顧客がいたのでまだ余力が続いていたのですが、やはりブックオフさんが強かった。

「もいち堂」を得た古書組合はもっと強かった。

写楽堂の松山南にあった店（福音寺・天山店）は撤退せざるを得なせんでした。


それでも私は従業員の大脱走の後、何とか落ち着きました。

残った従業員も、業務をちゃんとこなしてくれました。

かつてのようにとはいかなかったのですが、何とかなるものです。

残ったパートさんがほんとうに頑張ってくれたおかげで店舗運営ができました。

小さくまとまってしのごうとしました。

しかし、残った二名以外の店長三名も、山越本店に異動、店長として勤務し始めるとやめてしまいました。幹部の大脱走をそばで見ていた社員はもはや写楽堂への信頼が失くなったのでしょう。

こうして短い間に十名以上の社員が辞めていくのですから、私の心労はいかばかりであったか。まあ弱小の小資本ですから、仕方がないでしょう。

この後写楽堂は九店舗完全撤退を余儀なくされていくわけです。

市場原理からいえば、弱くなった店を閉めていくのです。

第10章 人と本が集まるのが古本屋

1 お店のオープンにはいろんな人が

一九八三年、写楽堂出店の頃からの話です。

オープンまでは本棚を発注したり、看板・電気工事が最初にあって、次はどの棚にどんな本を配置するかを決めます。

同時に本の値段づけに入ります。

次に営業マンがレジを売りつけに来ます。いやなこともありました。

東×レジスターという会社で、これはと思うと営業マンがしつこく付きまとい、こちらに考える余裕を与えません。

値段が高いかどうかの調査──他社との比較をする時間を与えません。

オープン前に来て買え買えとせまり、夜中に自宅にまで押しかけてきました。

しかし、保険のＨさん、ＯＡ機器（ソフト会社）のＭさんは少しの嫌味もない紳士でした。お二人とも写楽堂支店オープンには花輪を贈ってくださり、オープンセレモニーや忘年会には必ずと言ってよいほど祝いを届けてくれました。

Ｍさんは、とりわけまんが喫茶シャーロックのオープンには、エプロンをかけて手伝ってくれました。また、シャープＯＡは若い社員が多く元気な連中がいっぱいで、草野球のチームを作っていました。セミプロ級のすごいタマを投げるピッチャーがいました。

写楽堂も作れというので、ボンバーズなるチームをつくって試合をしました。早朝野球でダイキ、伊予市の厚生年金グラウンドで数回試合をしました。

相手は私より一回り（十二年）年下の連中です。試合にはなりません。打者一巡しても攻撃を終わらせることがなかったときもあります。

写楽堂はその当時七店舗もありましたから、人数は多いのですが、誰もきちんとスポーツをやっている経験者はいませんでした。

一九八三年のことでしょうか。今ではいい思い出です。

深く謝意を表します。

2 いろんな学習会・講演会に出かける

愛媛リビング、リックで仕事をされていました土井氏にはいろいろと広告のアイデア・工夫をしていただきました。オープン・忘年会はいつも来て、当方を叱咤激励していただきました。

土井氏とは大学時代からの知己であります。

その他にも店によく来てくれる人たちに店舗運営のアドバイスをもらいました。

私の知見を広くしてもらいました。


ＩＴＣという英語研究・討論会では愛媛大学の教授達（田崎先生他）からよくしてもらい、勉強をさせていただきました。ＩＴＣとはInternational Triple Clubの略称です。左翼くずれの私に対する哀れみでもないでしょうが。

また、愛媛商業界の行事・研究会にもよく参加させてもらいました。

セブンスターの玉置社長、岡田印刷社長、モミの木加藤社長、スリースリーカーセンター社長、東洋軒、いろはパン屋、よく声をかけていただきました。

とりわけ「お店はお客のためにある」という商業界のテーゼは強い香辛料・スパイスとなり、毎回この思いを強くしました。ありがとうございます。

3 シュタイナー教育・生きがい療法から学ぶ

市民MOで知り合った青木先生には、シュタイナー教育の存在・意味についておそわりました。シュタイナーはドイツの生んだ教育者で子どもの自主性を尊重する自由主義の学校を創設した人です。古本屋は不勉強です。なんの専門的知識も持ってはいないのですが、お客さんのちょっとした言葉のなかに、課題解決の糸口を見つけます。

いきなり新しい景色が見えてきます。情報はお客さんからでした。

私は、山村での自給生活の中で育ってきたせいか、そもそも授業・スポーツ・芸術（音楽・絵画）に対して「こんなことをやってたらメシが食えない」「わたしら大工や左官になるのにこんなもんはいらん」と拒否するところがありました。

小学校五~六年生になるとソフトボールをするのですが、ボールやミット、バットがありません。それでPTA・学校で買ってくれるのですが、いいものはありません。

以前、中学校の教師が「山村では自然の中に鳥や小川のせせらぎがあって音楽的素地があるのではないか」と言っていましたが、全くの過ちです。

音楽やスポーツ、芸術は、自然人である私には高嶺のユリです。

山地の子どもは、小川のせせらぎを聞くよりは、そこに住んでいる川魚を捕ることに楽しさをみます。芸術は金がなければできない。私達は授業が済むと、早く帰って農作業や晩めし支度の手伝いをしないと、山村での生活はできないのです。

芸術にはある程度の豊かさが必要です。

シュタイナー教育の核心は、子どもたちの自由決定と一つの芸術をきわめていくことらしいのです。

4 十三回もの講演会・ガン闘病相談

さて、青木先生のことです。

先生自らも絵画に熱中していたようです。

そして「手を尽したガン治療の会」の事務をやり、諸団体へのビラ配りをされ、十三回ぐらい、毎年松山市内で講演会を持つことに尽力されました。

この講演会に、多くのガン患者やその家族が集い、毎回個別に闘病相談に乗っていただきました。

手弁当で来てくれたのは、スバルクリニック院長の伊丹仁郎医師（岡山県倉敷市）と千葉県在住の今村医師のお二人です。

講演会は常時百名以上の人がつめかけていました。

青木先生は虹の会ニュースを出しつづけ、先生の御自宅にある別室「ナトーラ」に多くのガン患者が集まりました。

伊丹先生は、知る人ぞ知る人です。あきらめないガン治療を提唱され「生きがい療法」を提唱しています。

ある市会議員さんは一回来て講演会に参加して「岡本さん、全部わかりました」とお答えになりました。市会議員さんはえらい。天才です。我々が十年間かかってなお理解に苦しみ、さまざまな治療を試みて生きていこうとするのに、一日でわかる人らしいです。

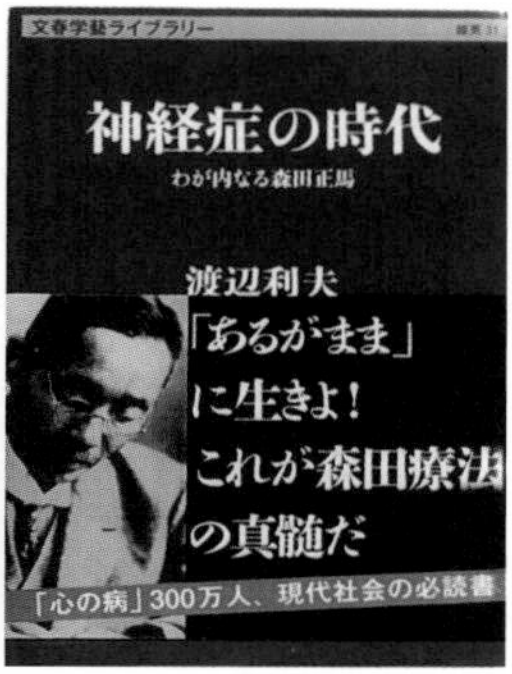

その割には憲法学習の方はもう何十年もやっているのに、わからないらしいです。

頭が良いのか悪いのかわかりません。

いくら学習をしても、それが行動とはつながらないことは、プチブル特有の「おくびょうさ」「中途半端」「権力挑発論」です。ガン再発にあった人は、大抵医師から「打つ手はありません」と宣告されて死をただ待っていることが多い。これは残酷です。しかし、標準治療以外にもすぐれた療法があり、精神面での強さ、生きがい療法があります。手をつくした治療をする医師や支援者がいます。

以上、私の生を支えてくれた名もなき人々、私の視野を拡げ学習を促し励ましてくれた商業界、生きがい療法を御指導していただいた伊丹先生とそのスタッフ、シュタイナー教育の青木先生、朝日新聞広告に尽力していただいた××君、ありがとう。

5 古本買取のあれこれ　ジャズの好きな老マルキスト

松山近郊のそこにはじめて出張買取に伺ったのは二年ほど前でした。
今回残りの本を処分したいとのこと。
昭和十二年の生まれですから、かなりの高齢者で、歩くのもつらいほど動作が緩慢でした。特別養護老人ホームに住んでおられました。
目玉の商品は、
『超越の響き――モーツァルトの作品世界』　小学館
『三谷隆正全集』　岩波書店
『関根正雄著作集』　新地書房
『内村鑑三目録』　教文館
『歴史の研究　全25巻』　著：トインビー

二年前の時に『矢内原忠雄全集』を出していただいた。その時に聞いた話では、千葉県のある町で朝日新聞の配達をしていたそうです。東京にいたときは名曲喫茶が流行していた頃で夢中だった。新宿、渋谷、東京のどこに行ってもこれがあったそうです。

小生も一九七〇年前後、お茶の水の駅前に三、四階のドでかい喫茶店があって、クラシックが流れていたのを憶えています。

クラシック、ジャズ、そしてアメリカのフォーク、ビートルズは喫茶店で聞いたことから始まっていました。何か新しいもの、魅かれていくものがありました。

キリスト教については氏が今治市にいた時、矢内原が東京大学学長になられた折に、矢内原が今治市出身であったことから興味を持ち始めたらしい。

矢内原自身は無教会主義者の内村が主催していた聖書研究会に入会したことで信仰を深めていった。年老いてなお、若き頃に身に付けた思想は生き続け、その人の強さとなっているのではなかろうか。

矢内原は東大卒業後新居浜の住友総本店に入り、別子銅山に配属されますが、後に東大の教授になり、『帝国主義下の台湾』を著し、一九三七年に中央公論に国家の思想と題する評論をよせました。これが矢内原の東大追放の一因となりました。

正義とは、弱者の権利を強者の侵害・圧迫から守ることであること、国家が正義に背反したときは国民のなかから批判が出てこなければならない。矢内原のこの論理は今日の民主主義であり、この延長上に革命無罪論が成立するのです。

6 四国中央市での出張買取、作曲家ドイツ在留

もう一つの出張買取は四国中央市です。

その人の両親は亡くなっていました。今はドイツに音楽関係の仕事で住んでおり、両親の家の処分手続きで日本に帰っていました。

目ぼしい本として、

『なぜぼくはここにいるのか』横尾忠則　講談社

『女シラノ』唐十郎　白水社

『わが青春浮浪伝』唐十郎　講談社

『はだしの恋唄』寺山修二　新書館

『複眼の思考』池田満寿夫　白水社

このほかに『二十歳の原点』河野悦子、安部公房、三島由紀夫、梅原猛、吉本隆明などの本、合計百五十冊ほどの収穫でした。

逓信局（現在は民営化された郵便局）につとめていた父親の残した本は、大山澄太、荻原井泉水であり、多かったのは安岡正篤《まさひろ》の著作でした。

安岡氏の説く「人間力」は多くの人達に深い感化を及ぼしています。

氏の本は、古本としてもよく出る本です。よく入り、よく出る本と言えば古本屋のドル箱的存在です。

だが、今回はこれらの本が、丹念に読まれた故に書き込みや朱線引きが多くボツ（没）でした。

したがって、娘さんの本百五十冊ほどとなりました。

どれも五十年前の発行の本です。五十年前から現在までの本はまったくありません。

この空白のミステリーは、彼女が日本にいなかったからです。

一人の人間が何かに魅せられてその世界に入ってしまえば、ずっと一本の道をひたすら進むことしかできなくなる。専門的なスキルを身に付けるためには、すべての可能性を捨てていくのでしょうか。それにしても青春期に着手した音楽、ピアノが彼女を遠い遠いヨーロッパにいざなっていったのでしょうか。それは手にしようとして手に入らない夢、ロマンではなかったでしょうか。

彼女が言うには、ドイツは住みやすい国だそうです。小学校から大学まで教育費は無料です。ドイツの公立学校の教育の質が低いという理由で私立学校の人気が高まっているとしても、教育は無料のほうが良いに決まっています。

教育費の無料化は、機会均等の点からも望ましく、民主主義の強化につながり社会の安定化につながります。

少しくらいの金を子育て世代に配るよりは、教育の無料化のほうが簡素で良いと思います。

帰り際に、別子銅山で採掘した銅滴の固まり、三十センチ×五センチを記念にいただいた。正確には住友金属鉱山株式会社製です。

銅山で間吹炉で溶かした鉱石を鋳こむ際、滴った溶湯が自然に固まったもので金が積もるという縁起物です。

7 ロシア語の本は入力できない！　その1

今日は、ロシア語の本の出張買取です。

そこの娘さんは、タダでもいいとのことだったのですが、そうはいきません。本を集めるのには金がかかっています。ウン万円をお支払いしました。一冊百円ほどです。

この本の持ち主は、数学の専門家でした。どうしてロシア語の原書があるのか。

シベリアの抑留者であったらしい。大正十年、一九二一年ごろのお生まれでした。


佐治文吾というクリスチャンがいます。彼は抑留生活の後、松山に帰ってきました。彼は雑誌「花火」を発行していました。そこには抑留生活の中で、シベリア現地の人とも交流があったことが書かれています。生き残るためにロシア語を覚えたとのことです。物々交換も頻繁に行われたそうで、栄養失調で死なないために必死に勉強したとのことです。

しかし、彼が見た抑留生活は、戦争が終わったにもかかわらず、ラーゲリ（強制収容所）の内においては相変わらずの縦社会で、階級の高い軍人が下のものを支配していくという日本の軍国主義はつづいていたそうです。一方、収容所の外にいたロシア兵たちもことあるごとに不正を働いていました。

佐治氏はかくして、軍国主義も共産主義も同じ悪として論じ、ロシアから帰ってきてからはキリスト的伝道者として活躍していくことになりました。

今日の訪問先の方はいかなる思想を持っていたかはわかりませんが、佐治文吾との共通点は、シベリア抑留者、ロシア語の勉強ということです。

娘さんの話ではソビエト崩壊、たぶんゴルバチョフが登場し、ペレストロイカを始めたときに、いっしょに家族旅行でロシアに行ったそうです。

その時の印象は？と聞くと「とにかく何もない。建物の中は広いが設備も何もない」「赤の広場のレーニン廟に行きました。ロシア人も必ず詣るところだそうです。軍服を着た人が多かった」ハバロフスクから飛行機でモスクワに行き、キーウ、レニングラードにも行ったそうです。

戦争と平和についての本。広島に落とされた原爆の被害が写真で紹介されている。

相手国の言語を覚えることは、その国に行ってみたい気持ちが生じる種です。

さて、松山はロシア兵捕虜が収容されていたことでも有名です。一九〇四年のことです。

実際は、ポーランド人の政治犯がロシアによって従軍させられていたのですから、ロシア・ポーランド・ユダヤ人墓地と改めるべきです。

事実や真実を隠すような名称は良くないですね。

ちなみにポーランド人は「複数言語使用者」と言われています。何故なのかはあなたが考えてください。言語や文化が違っていても国家は成立するのです。それは世界精神が人間にはあるからではないでしょうか。

8 ロシア語の本は入力できない！ その2

シベリアの収容所で多数の死者を出したのは、軍隊組織をそのまま残していたからです。戦争に負け武装解除されたのに、天皇の軍隊は存続され、兵隊・初年兵に過酷な仕事を圧しつけ、ノルマを果たさせ、ソ連側にいい顔をする将校たちがいたのです。食事も将校が腹いっぱいの量をとり、次に小隊に分配されたものを下士官、古兵が取り、班に来た時は少量となる。捕虜になったのに軍隊の階級制は存続していたのです。一説によると、日本軍捕虜の治安のために将校は軍刀を携えることも許されたそうです。

二年目からは捕虜の食事も段々と良くなりはしたが、相変わらず下流の日本兵はひもじかったそうです。

いくらかの自由も与えられ、現地人との交流も始まったという記録もあります。物々交換をしたのだろうか、そこでも言葉を覚えようとした人たちには何の目的があったのでしょうか。

一般の兵隊にとっては生きることで精一杯でしたが、その中の何人かは外国語＝言葉を学んでいます。外国語を学ぶことは、その後の人生において役立つことになります。たった一つの言葉の後ろには真実がいっぱい潜んでいます。言葉は宝となるのです。

「日本は神の国である」と教え込まれた人々が、次には「日本国は良い文化、技術を持った国」です。

これを外国（韓国や中国）にも広げようとしたイデオロギーが大東亜共栄圏構想となって、人々に不幸をもたらしました。
宗教的イデオロギーや国家観には危険性がある。たった一つの言葉にも気を付ける必要がある。私の言いたいことは、人は個人レベルの生活者だということです。今を生きている私たちは「直接性、現実性、持続性、普遍性」をよく吟味したほうが良いと思われます。外国語を知ることはこれらの点で役に立ちます。

9 まずは食っていくための古本屋

黒澤明監督
「創造というのは記憶ですね。自分の経験やいろいろなものを読んで記憶に残っていたものが足掛かりになって、何かが創れるんで、無から創造できるはずはない」

安藤忠雄
「本から得られる想像力や好奇心の奥行きは、建築など形から学んで得られるものより桁違いに深い。子どもの頃に触れないと高められない」

古本屋の存在価値・意義はこのお二人の言葉につきると思う。もう余分なことは言わなくても良い。

問題は、どうすれば古本屋が存続するのかです。百万人の人があの古本屋は良い、理想の古本屋だと言おうが、良い結果を出さねばどうにもなりません。

世の中には、定年退職後「ずっと古本屋をやりたかった」「古本屋の雰囲気がたまらない」という思いからそれを実現した人がいます。新聞はすぐに飛びついて記事にします。


こちらは食っていくためで理想の古本屋ではない。

よい結果を出すために、四十五年間もがんばりつづけた。まさに生業なのです。

「人のためになる、本を売ることは文化の向上になる、うらやましい」というようなことを私に言う人がいます。少しもうれしくはありません。

正義や社会教育の向上をねらってやっているのではない。生業による収入で、家のローンを払い、子どもを養育し、メシを食い、商売上の借金を払っているのです。一ヶ月と待ってはくれません。

私はこれが生業としての古本屋とイデア実現の古本屋との違いだと規定します。

⑩古書組合は排除ではなく共生を

私は良い結果を出すために最大の努力をします。

昔から日本古書組合の一部は、エロ本やまんがを売る店を下に見る傾向があります。城北雑誌や写楽堂をそのように見てきました。

私のケースでは、あいさつに行ってもまともに相手にされない。せめて「おめでとうございます。同業者ですね。互いにがんばりましょう。一人でも組合加入者が増えれば、私達も心強いです」位の返答があっても良いではないでしょうか。もっと体の良いことわり方は、「うちは何もしない組合ですから、入ったらお金を取られるだけですよ」でした。

今、松山は、旧来の古本屋「愛媛堂」が中心となっています。「坊ちゃん」・「らいぶ」・「もいち堂」が抜けましたが新参者が増えています。ネットだけの通販組と理想の古本屋です。

写楽堂は一匹狼です。ネット中心ではありますが、仕事をきちんとこなしていく社員がいる。本をできるだけ高く買ってあげて、できるだけ安く売ることによって、資本の回転率を上げることに精進しています。だから、お客さんの本を高く買えるわけです。

この本は良いとか、悪いとかと倫理判断する必要はないのです。この本がいいかどうかは古本を買うお客が判断することです。店主ができるものではありません。

良いとして買ったとしてもその値段（交換価値）以上の使用価値を生み出すのはお客次第です。

It depends on you.

⓫本の収集家はとてつもない大仕事

ここ十年、本の買取市場が違ってきました。いわゆる本好き、本読みの世代が終活に入ってきたことです。本を集めるのは古本屋だけではありません。お客様のそれの話です。

写楽堂が三年前に店舗から撤退した時期とも重なります。とくに大量に本を処分されるケースで忘れられない人がいます。新刊と古本屋で買いまくっていました。

いつの場合でも処分したいという本を前にして、この本を集めた人の生涯はどんなであったろうかと想像します。その人が読んだ本から類推するのです。集めてこれらの本を読んだ人は故人となっているケースが多いのです。

まずは、ごくろうさまと言いたい。こんなに集めるのにどれだけの金や時間がかかったのか。収集ぐせがひどくて、それに泣いた家族もいるでしょう。

これだけの本を読んで、どんな知識や情報、エンタメを得たのだろうかと考え込んでしまいます。当人はすでに亡くなっていて遺族はその本の処置に困っている。

たいていの場合、残された人たちは、故人がどのように人生と格闘していたのか、いかなる貢献をした人物なのかが十分にわかっていない。私自身も終活の身であるのでなお胸が苦しくなります。夫や妻でさえも、故人の業績はわかっていないのです。

残されたものは死に行く人の正当な評価を持ち続けていってほしい。本読みの人達は、大変な努力を積み重ねてきたのですから。

野村学園で働いてきた仲野さんから本を処分したいと連絡がありました。野村学園は「どろんこのうた」版画作品展で有名な愛媛県の障害者入所施設です。

愛媛県宇和島市吉田町でお会いして、本を松山まで運搬することになりました。二千～三千冊の本です。

その時、仲野さんから、一つ提案がありました。私が持ち帰ってそれがどのように処理（計算）されていくのかを見届けたいというのです。

わざわざ翌日になって、バスで松山に来られました。私が停留所に迎えに行きます。

あくる日、開箱の作業を一緒にやってくれました。箱から出された本を一つひとつ、名残を惜しんでいました。

⑫詩人は、生徒が発した言葉の収集家

仲野さんは、いややっぱり残しておこう、手許に置いておこうとする本を選んでいました。

本との別れはいかにもつらそうでした。

本の話にもなりました。その時気づいたのですが、仲野先生は、私の発した言葉を、少し間をおいて、押し殺した声でつぶやくのです。

先生にとって私の話す言葉には聞きなれない言語が多かったのでしょうか。

やがて、このことの意味がわかってきました。

先生は、野村学園で子どもたちの声に耳をすまし、脳でそれを反芻して、それを書き留め詩に消化

していく作業を数十年にわたってやってきました。それが一種の習慣となっているのではないでしょうか。

障がい児の豊かな感性と言語をとらえつづけてきた感覚なのでしょうか。子どもの発した言葉はすぐさま仲野先生の精神に飛びこむのです。

13 八幡浜の大読書家はトイレの中にまで

もう三、四年前のことです。

娘さんから電話があり、八幡浜に本をとりに行ったことがあります。

八幡浜は周囲が海と山に囲まれ、狭い平野部に拓かれた人口二万ほどの港町です。

大洲から行く場合、長いトンネルがあります。夜昼トンネルというネーミングが不思議です。標高差二百七〇メートル、トンネルの長さ三キロほどだそうです。

家をさがしあて、目的地に着いたとき、そこから仕事が始まります。

家中に本があります。御主人は亡くなっていました。未亡人である娘さんのお母さんが応じてくれました。

本の種類は、健康・ヨガ、宗教（仏教）、一般書です。

土間のところには、昔やっていた豆腐の製造機、モーター、ポンプがあります。本は、本棚をつくって、あらゆる空間にあります。

びっくりしたのは、二階に上がる階段の両壁にもありました。子ども部屋には二段ベットの上、壁に全面本のオンパレードです。

ベッドの横にも本棚がおいてあって、身体をにじらせないと横にはなれません。トイレの中にも棚があって本を置いています。

この人は松山に来てもあらゆる古書店に行って買いまくっていたことで有名で、松山の古書店では知らない人がいない存在の人でした。

古書の世界では大物です。

どんなことをしていた人でしょうか。それとなく聞いてわかったことは、台湾からの引揚者だったことです。台湾に行った動機は、この狭い港町から脱出して、大きく羽ばたきたいという気持ではなかったでしょうか。

『北針――大正のジョン万次郎たち』（潮文庫）があります。この港町から大きな希望を抱いてアメリカに渡った男たちの話です。同じような気持ちを持って台湾に渡ったこの人は、どんな生活をしてきたのでしょうか。

ロマンをもって語られた移住生活はどうだったのか？　行ってみればあらかじめ言われていたことと正反対の現実に直面したのか、それともその通りであったのか、わかりません。カナンの地を探していった人は多いのです。

苦労の末やっと成功したかと思いきや、敗戦で一文無しとなって八幡浜に帰ってきたのです。それから、また頑張って八幡浜で豆腐屋をやっていたそうです。スーパーができ始めた昭和四十年～

四十五年までは繁盛していたに違いありません。

14 クラシックを聴きながら読書三昧

この大蔵書家は八幡浜に住んでいました。

バブルがはじまったころ、豆腐屋家業もやっていけなくなったそうです。八幡浜→台湾→敗戦による帰国をせざるをえなかった庶民の愛するとうふ屋さんは、ここでも社会再編の波にもまれていったにちがいありません。私が古本屋やまんが喫茶がやれなくなったのと同じでしょう。

そこで行きついたのが、ヨガによる健康法と禅宗であったのでしょうか。

蔵書家が家の中のあらゆるところに棚をつくったり、屋上にプレハブをつくる、物置を利用する、さらにはもう一つ、アパートの一部屋を借りるということがよくあります。

この人もまた、近くのアパートの一室を借りていました。

そこにはおよそ五千冊の本が眠っていました。足の踏み場がありません。まさに本の海となっています。

居間にはたくさんのレコードと立派なオーディオのセットがありました。ベートーヴェン、バッハ、モーツァルトなどの西洋音楽です。

音楽は癒しではありません。精神の高揚によって読書に駆り立てていくものです。魂の叫びです。

古典音楽を聴きながら、読書をすすめていったにちがいありません。

専門書や仏教書（じつに多かった）に古典音楽は合います。日本の演歌では合いません。なぜなら、日本の演歌は心情のそれが多いからです。

未亡人からは、昼食を出していただいたり、いろいろ気を遣っていただきました。ありがとう。

本好きの人を主人に持ったために御苦労されたことでしょう。

⑮本のセドリは昔からいた

お宅に訪問してびっくりすることがあります。松山にある病院でした。

一階はさすがに診察室であって整然としていますが、二、三階は廊下にまで本がはみ出しています。

本への思い込みは強く、どんな分野にも手を出しています。

推理小説・SF・小説一般何でもござれの人でした。

これはと思う本は全部買ってしまう性格でしょうか。専門の分野は能楽書籍の蒐集家です。主食はさておいて、オヤツの本は今回かなり出していただきました。四、五回の搬出でした。

先生は毎回顔を出して本の解説をしてくださり、勉強になりました。そして共通の話題にも花を咲かせました。それは大萩さんのことです。

私も「オイハギ」さんとは何度かお会いしましたが、先生のオイハギさんへの視点とはちょっと違いました。

オイハギさんはセドリ屋で、店舗なしで食ってきた人です。えらく俳句に詳しい人でした。四十〜五十年前、松山で当時のＳＯＧＯや三越で大古本市をやった時に、彼がその中心におり、目録をつくった人でした。先生はおそらくその時、オイハギさんと知り合いとなったのでしょう。

当時は沢山の古本屋がありましたから、オイハギさんはそこでセドリをやるわけです。彼は関西はもとより、九州にまでセドリに行きます。腹巻の中に万札を入れているのはバクロみたいでした。十分な知識と度胸がないと、これはやれません。高度成長のときでしたからセドリがやれたわけで、現在のデフレ下ではできません。

俳句に精通していた理由には怪しいものがありました。うわさですが、彼は特高あがりの人物です。昭和俳句弾圧事件に彼がかかわったのではないか、という疑いがあります。が、これは全く私の仮説であり、デッチ上げかもわかりません。

あれにかかわったということにすれば、特高から古本屋のセドリへの変化はいくらかのロマンとなりはしないでしょうか？　昨日まで新興俳句を弾圧していた人間が、そこでの知識を利用して商売換えをやって成功した数少ない一人ということです。

もしそうだとすれば、四十四名が検挙され、そのうち十三名が懲役刑を受けている事実に彼は何と言うでしょうか。聞いてみたかったのですが今はもういません。

今ネット社会で、セドリが横行しています。セドリは昔から古本屋の業界にあった常識です。古本屋は他の古本屋からセドリをします。これは自分の店の品揃えとして、よりめずらしい本を並べて品格を上げていくためです。これは売れるぞと見込んだら、二倍、三倍の値段をふっかけて棚に置いとけば売れる世界なのです。買われた古本屋にしてもお客さんから安く買っているのだから利益は出ます。

デパートなどで古本市をする時には、めずらしいもの、高いものは他の仲間や懇意の古本屋から借りてきてでもリストに載せておきます。デパートのほうも曲者でして、高い売り上げがない場合にはその有利な地位を利用して「売り上げが少ないので次はありません。担当者として私個人が売り上げが少ない責任を負わされます」と圧力をかけてきます。

そうなると古書組合やデパートで古本市をやる業者はやってはならないことをします。それが赤伝票です。――売り上げがないのに、あったことにして売上金を納めます。

これは公正取引法違反です。暗黙のルールとなっていますが、不正とワイロです。

アマゾンで買う場合にわざわざ「倉庫に保管しているので商品の到着は一週間ほどかかる場合があります」と書いている古本屋がいます。これはセドリだと思っていい。しかし、合法です。

セドリは一般論として考えると、国と国の二国間貿易そのものです。こちらの国ではありふれて安いものがあちらの国では高いものだとわかると、そこにビジネスのチャンスが生まれます。

香港のとなり、中国の深圳市は、世界中からセドリ屋が集まっています。深圳で買って香港や日本で売れば利得があるのです。

かつてソ連邦が崩壊した一九九〇年代のソ連はセドリ屋だらけでした。欧米で買ったGパンがソ連国内では十倍以上で売られます。出入境管理事務所は取り締まりをしますが、効果は上がりません。オフィサーにワイロが送られるからです。

そのうち、ロシア国内でもそっくりさんが製造販売されてきます。どこかで為替レートが落ち着き、平準化されていきますから、いつまでも甘いミツは流れません。それでも毎日、石油・ガス・工業製品はセドリがつづけられ、私達の生活は成り立っています。

セドリは古本に限らず全世界で行われている日常です。この競争に勝たねば市場の敗北者となります。セドリで成功するということはじつに大変なことなのです。

⑯伝説の人　オイハギさんは有名人

実物のオイハギさんは柔和で人なつこい方でした。

私が秘蔵にしていた山中峯太郎、南洋一郎などの戦争・冒険小説二十数冊をねらいにかけていました。オイハギさんに『私も引退する年になった。これがもうデパートなどでの最後の古本市になるかもしれない。花をそえてくれ』と頼まれ、私はその熱意に負けました。気前のいいスッパリとした商売人であることに私も応えてあげる気持ちになったのです。

後にオイハギさんは神戸の古本市に出した目録をちゃんと送ってきました。その中に私の秘蔵本がしっかりした値段がついて載っていました。彼はもういない。今はもう故人となられました。

さて、先の病院長の話ですが、私が買った本をトラックに積み込んでいると、先生は誰かと道ばたで話をしているのです。

つい聞こえてきました。

「ちょっとわかりにくいかも知れんが、もう少し辛抱して読んでいけば、だんだん面白くなる」

なんと、患者さんに読書指導をしていました。

⓱古本を売りに行くのが恥ずかしい君へ

六十年位前、台湾人の友人、蘇さんのところに行きました。

台北のその地区は在留邦人の多いところです。日曜日の昼さがり、マンションから出ようとしたとき、ふと入口のすぐ横を見ると、アメリカ人の子供がガレッジセールをやっていました。小さなテーブルに商品を並べています。

そこに座っているのが十才前後の女の子です。隣にすこし離れて母親らしき人も見守っていました。彼女達（二人）の笑みを見ると、つい何か買って上げなければと思ってしまう私でした。

よく見ると二リットルのコカ・コーラとコップが置いてある。いくらかと聞いて一杯いただくことにしました。二リットルのボトルから何杯のコーラが取れるのかと考えたりしてふと、これは子どもからする大人への質問―数学すなわち教育だと気がつきました。

母親の子供に対する教育だと得心しました。

一つには商行為は子どもがこれから生きていくために最も大事なことだと知ることです。

ヨーロッパにおいても商業主義の発展の中から資本主義が芽生えてきたのです。ビジネスは、普遍的価値です。

日本の場合はどうなっているのか、古本屋をやってきた私の観察では、本を売りに来た人は必ずと言って良いほど言い訳をする人が多かったのです。

わざわざ「私は金に困って売りに来たのではない」「じゃまになるから」と言う。売りに来た行為を積極的に肯定する姿勢が必要なのではないでしょうか。恥ずかしいという想いにかられる人は再考していただきたい。

一時アメリカに倣ってガレッジセールなんかも推奨されましたが、松山ではあまり見かけません。日本人の集団意識として「自分を見下げられまいとする」防御なのでしょうか。誰もが中流・上流社会の中で生きていると思われたいし、思ってしまうのです。いらなくなったものを売ることに何のタメライもいらないのです。

これには士農工商の江戸時代の身分制度も影響しているのではないでしょうか。現代に入ってもなおかつ個人主義（個人の発展）を肯定することができないのです。いくら困っても「あげーなこと」はできないのです。このことはこの場合ガレッジセールを意味します。困ってはいないのだからという意識です。しかし困っていることを隠す必用はない。困っていることは商業の出発です。

18 ごくろうさま、本棚から買う本を選ぶことは知的作業である

みなさんは古本屋に行って本を探した経験があると思いますが、その直後の感想はどうでしょうか。たくさんの本に圧倒されてしまい強い疲労感を味わったことがありませんか。

古本屋を四十五年もやっていても、他の古本屋に行って本を見て勉強させてもらうのですが、実を言うと私も、本当のところくたびれてしまいます。もう二度と行きたくないほど、精神的に参ってしまいます。まずその量の多さ、値段の高さ、なによりも自分の実力以上のものが多いのです。ですから、暗い気持ち、敗北感に打ちひしがれます。

しかし、これはと思ったり、今の自分の問題意識や知的レベル、好奇心に合った本を見つけた時には、こんな本があったのかとうれしくなります。

その時、体が熱くなるのです。

本屋の本棚から一冊の本を選ぶのは、大きな決断です。

決断には、大変な精神的労苦がともないます。

デメリットも伴いますが、みなさん勇気を出して新たな道の分野に挑戦してみてください。

千里の道も一歩から。

第3部

第11章 香港出店の準備には語学と市場調査

1 英語の勉強

香港、九龍地区にあった啓徳空港に降り立ったのは、一九九四年ではなかっただろうか。まだ日本の優位性があった時代です。街中にゲーム、音楽CD、ファッション店、テレビドラマ、日本語学校があふれていました。

酒井法子のポスターがビルのドアに貼られていました。日本人企業もたくさんあり、ネクタイを締めている人を見れば、日本人でした。もう一つの見分け方は、よくお辞儀をしている。お辞儀とネクタイが日本人と韓国人の違いでした。

香港人の日本人の印象は「よく働く人」でした。

当時香港人に日本についてのイメージを聞いたところ、次のようでした。

①きれいな、安全な国
②社会モラルが高い
③よく働く

④モノをつくるのがうまい

この次は何かと聞くと、これは言いにくいことだと断った上で「ポルノ」だと。目の前にいる人の国をポルノだというのでいささか遠慮しているのです。

よくある香港人からの質問では、

①日本では主婦は働かなくて子供の面倒、炊事（料理）、掃除をするというのは本当ですか。――だったら奴隷ではないか。

②日本では家族が自家用車を二台持っているというのは本当ですか

③あなたは持ち家か、賃貸マンションなのか

私は日本人を彼らがどう呼ぶのか、関心がありました。日本人をジャパニーズとはほとんど言いません。ヤップンと広東語で言います。香港の人をチャイニーズだと言うと、ほとんどの香港人はそれを嫌います。香港ピープルだというのが良いようです。シンガポールでも同じように言います。

問題となったのが英語力です。

私が香港に行く五～十年前からさかんに国際化が叫ばれ、松山でも英語塾ができていましたが、何しろ大学卒業から二十年近くたっているので、やろうとすることに躊躇がありました。めんどくさいのです。

松山のある英語塾にどんなコースがあるのか、どんな勉強の仕方をするのか聞きに行きました。面

接人は、あなたの英語力をまず調べると言って、質問に英語で答える即席のテストをしました。

「初級からやる必要があります。初級コースは五十万円余ですのでここに振り込んでください」

——ちょっと待ってください。途中でくじけたら金は返ってくるのですか。

「それはあなたの責任だから、返しません」

私はそそくさと逃げ帰りました。それで独学で英語を勉強しようと思い立ったのです。


私はその時アメリカで古本屋をしようかと、淡い希望を持っていました。

まず会話をマスターするためにCD付きの本を買い、それをそのまま記憶しようとしました。

その次に商業、経済、経営の英語の原書を買って、毎晩少しずつやりました。

ウォールマートの創始者の自伝は、辞書を引きながら読んでいきました。

洋・外書というものは、最初の数ページは知らない難解な単語が出てきますが、進むにつれて楽になります。同じ単語が繰り返し出てくるから自然と覚えるのです。

述べている内容が重要ですから、内容理解がさらに英語力を付けてくれます。

また、これは香港出店のときに学んだことですが、英語は知らなくても仕事はできます。

外国への出店は、日本でのそれと基本的には同じです。法的届出——税——賃金——テナント契約などはすぐにわかります。ほとんど日本と同じです。

知らないこと、理解できないことがあってもいいのです。相手に聞けばいいことです。

それでもわからない場合は更に聞くのです。香港人は新しくやってくる人間に対して優しく親切でした。

また、私の子供が行っていた幼稚園のキリスト教会から「聖書を英語で読む会」にきませんかとのお誘いがありました。もともとマルクスを勉強した私にとって、キリスト教の世界とは接点があります。これをいい機会とさせていただきました。

結局、英語学校には行きませんでした。英字誌と辞書だけの勉強です。マルクスの宗教批判そのものを何とかして理解しようとしましたがまあ、これは理解できませんでした。

日本には仏教は根付いていますが、キリスト教は異教です。キリスト教を学ぶにしても、聖書をテキストとして学ぶのが王道です。一年近く教会の日曜礼拝の後、アメリカ人から学びました。

新約聖書を一条一句注解し、その上に旧約聖書を読まないと前に進みません。熱心なクリスチャンのおばさんに「キリストの愛」を実践するのはとても難しいというと、彼女は「イエス・キリストは神だからできたことであって人間にはできない」とお答えになりました。

聖者にはなれません。人間はSelfishなのです。

2 米国への入国査証がとれない

この当時は、アメリカへ行くには査証が必要でした。

「あなたは、アメリカの空港までは行けますが、おそらく入国はできません」とある人に言われました。アメリカはテロリストについては厳しいというのです。

何とかならないのかと、二、三の松山の弁護士に相談しましたが、そんなことはできないと拒否されました。

諦めてしょんぼり帰ろうとすると、ふとある弁護士の事務所看板（喜与町）が見えてきました。エイヤーと階段を登っていきました。これでだめなら終わりと思いました。

ところがその弁護士はニンマリとして「アメリカ領事館と交渉したらＯＫですよ」と言ってくれました。その場ですぐに掛け合ってくれました。

そこで分かったことは、学生事件の判決文、アメリカでの身元保証、旅行の目的を書いたもの、この三つを出せば考慮するということでした。

一九六九年十・十一月安保反対学生事件の判決文は、手元にありません。東京地検が保存しているので本人が東京に行く必要があったのですが、弁護士がすぐに電話で請求してくれ、一週後には東京地検から送られてきて、入手しました。

旅行の目的については、私はアメリカ文化に触れてみたい気持ちであること、アメリカの流通業（とくにウォールマート）やアメリカの書店、古本屋を見てきたい気持ちを書きました。

七〇年安保闘争時のことについては、私が反米主義者としてあったわけではなく、アメリカが始めたベトナムでの戦争に協力していく日本政府への抗議としてあったことを述べたと思います。

心情的なこととして、もうすでに学生事件（逮捕）から二十年近くたっていること、私には家族がおり、生活があり、テロリストではないことを述べました。

一か月くらいかかりましたが、これらのことが受け入れられたとアメリカ神戸領事館から連絡があり、書類が届きました。アメリカという国のふところの大きさに感動しました。


この時お世話になった弁護士が白形允氏でした。

彼は一九六七〜七〇年の東大闘争でも活躍し、その後地元松山にかえって弁護士事務所を開いていました。だが残念なことに、四十四歳の短い生涯でした。

彼については追悼集『純粋無比の清冽』を読んでください。

その時の弁護士事務所でのやり取りを二つ覚えています。
①先生、手数料はいくらお支払いしましょうか?
—帰ってきたら、アメリカの話を聞かせてくれ。
②—それより君、帰ってきたらトロッキー研究会をやらないか。
ところがアメリカから帰ってきてみると、白形氏は逝去しており、もう事務所が無くなっていました。かくして、トロッキー研究会はやれませんでした。

地元大学の先生と弁護士に助けられ、まずはアメリカに行く準備ができました。

アメリカでの査証スタンプがあれば、ほとんどの他の国に入国できることもわかりました。

ここで弁護士について苦言を呈します。

法律的知識に乏しい人が相談に弁護士事務所のドアを開けるとどうなるか。ほとんどが胡散臭い眼で見てきます。私の場合もそうでした。こちらが用件を話すと何も言わない。どうにかなりませんかと言うと、たくさんお金が入用ですよと言ったまま無言です。二か所に行きましたが相手にされませんでした。こちらの要望を聞いて「できるだけの努力をしましょう」とも言ってくれないのです。

ここで話をもっと古く、一九七〇年代にバックさせます。東京では逮捕されるとすぐに弁護士が来てくれて黙秘権について説明します。警察はしゃべらせようとして『黙秘していると被告人の不利になりますよ、むしろ君の有利なところもあるのだから、取り調べに応じたほうがいい』と言います。この点がミソです。有利な点があっても、裁判の過程で弁護士と相談して自己弁護するほうがベターなのです。なんとなれば、拘留期間の二十二日間という制限の中で警察は立証しなければならないし、もし証拠が十分でなければ起訴さえもできません。

そしてさらに重大なことは、警察はちょっとした事件であっても、それを拡大して犯罪の要件に入れてしまいます。事件を拡大して、大事件、大大事件のようにグレードアップするのです。

私の公安事件の場合は、弁護士の接見、下着類や日常使用する洗面道具を差し入れしたのは統一救対でした。公選弁護士であっても「こんなデモにかかわる公安事件を重罰化していくのはよくない」と言っていました。人々が政府に対して反対の意志表示をすることは、そもそもの原因は政治にあるのだから、そこを論ずべきであると弁護します。

岡山にいた頃は、二人の弁護士がデモの逮捕者や企業の解雇案件に対して支援をしてくれていました。しかもほとんどギャラなしでです。

私達の仲間が逮捕・拘置された場合、私達の車に乗って岡山刑務所まで行ってくれました。当時、寺田とかいう弁護士がいて、岡山市長もしたことのある人ですが、多くの岡大生を支援していました。彼は、後半の最終弁論で一人の弁護士として革命無罪論を堂々と主張していました。

公判の場というのはその事件が起きてきた社会――個人をつぶさに論議し、その原因を明らかにし、必要以上な重罰化を与えないことです。このことによって事件を起こしたものにも何かの変化があって更生されるのではないでしょうか。

私が松山でたまたま行った弁護士事務所は、金儲けのブルジョア保護のそれだったようでした。

白形允弁護士は二度の逢瀬でしたが、純粋無比の人、人権派弁護士でした。

❸はじめてのサンフランシスコでの思い出――古本屋とアメリカンヒッピー――

かくして私はアメリカの地をはじめて踏むことができました。

アメリカでの身元保証人となってくれた松山大学の××先生が空港に迎えにきてくれました。近所のよしみです。先生のお宅は、スタンフォード大学のすぐそばで翌日案内していただきました。

私のお願いで、パルアルト市の古本屋にも連れて行ってもらいました。天井の高い立派な建物で、そびえたっている本棚にはハシゴが並べられています。きちんと本が分類されています。地政学的な本が多く、国別に分類されていました。日本に関する本も二十〜三十冊ぐらいはありました。

翌々日が日曜日でしたので、新聞でさがしてガレッジセールに出かけました。アメリカ人が読む本はどんな本なのか関心を持って見ていたと思います。

先生のお宅を出て、一人でシスコの中心街に帰ってきて二日ほどいました。

カリフォルニア大学バークレー校に行ってみることにしました。大学周辺に二、三の古本屋がありました。そこでアメコミと呼ばれるものを五〜六冊買いました。ここからアメリカのベトナム反戦闘争が始まったのだという思いでいっぱいでした。

私もまた日本で闘った一人として、感激していました。

そこから下っていくと、キリスト教教会に男二人と女一人のヒッピーがいました。ジーパンからケツが出ている服装でギターをひいていました。

彼らに声をかけましたが、どんなことを言ったのかは忘れました。

すこし時間が経つと、そのうちの一人が何かを買ってくるので私にもいくらかのマネーを出してくれないかと言ってきました。

十分、二十分経ってても帰ってこないので持ち逃げされたと思っていると、彼は手にいっぱいの買い物袋を持ってきました。当時アメリカのほうが物価は安かったので、いっぱいの買い物でした。

袋の中からビールをとり出して飲み始めたのですが、そこでちょっと彼らはおかしな行動をとるのです。ビンのビールを紙袋に包んでこれで飲めというのです。どうしてかと言うと何も言わない。

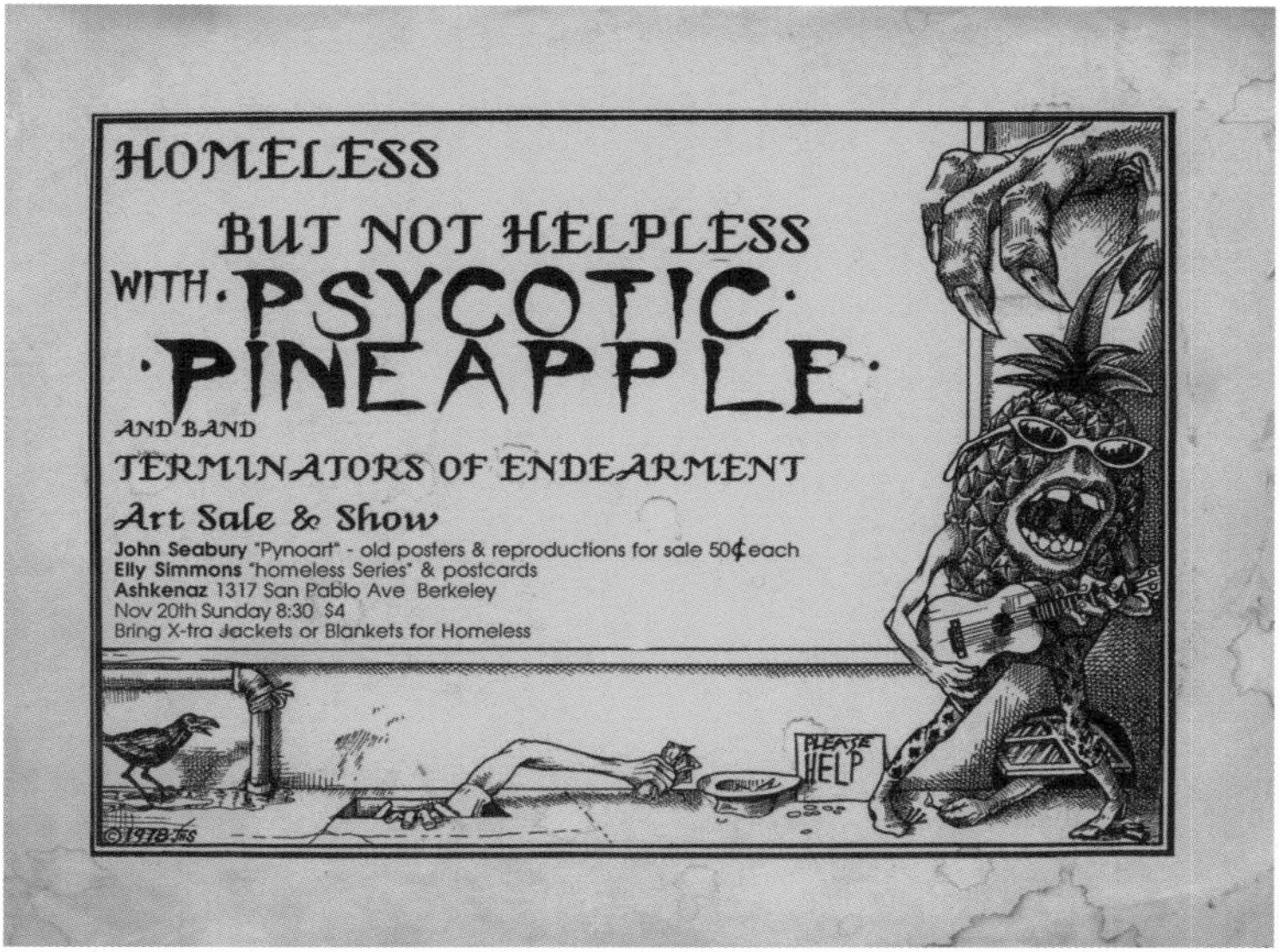

たぶん、昼間しかも公共の場所でビールを飲むのは、市の条例かなにかで禁止されていたのではないでしょうか。せめてもの権力への配慮で、隠して飲んだのではと推測します。

しばらくして、この教会の前に一人の老婆が手押し車で通りかかりました。するると、カゴの中から、食料とリンゴをとり出して配り始めました。

私のつたない英語で、どうして彼らに献げるのかたずねると彼女は「彼らヒッピーは何一つ悪いことをしていない、社会に迷惑をかけていない」「楽しんでいるだけだ」と説明してくれました。

この近くでチャリティのビラをひろい、今も私の宝物としています。

"HOMELESS BUT NOT HELPLESS WITH PSYCOTIC PINEAPPLE"

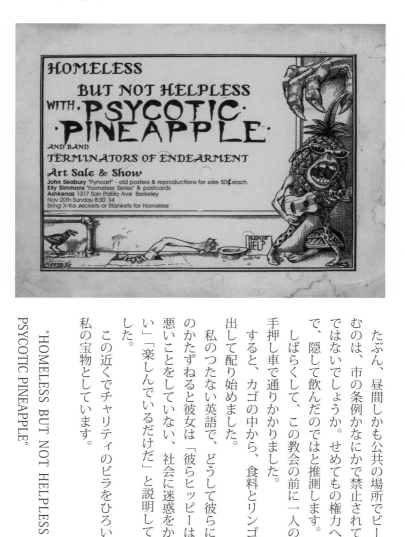

私のベトナム反戦―ヒッピー―パイナップルの連鎖がここにあります。私の生き方でもあります。私自身、ベトナム反戦―安保・沖縄の闘いに若き日を過ごし、ベトナム戦争への徴兵忌避をしていたヒッピー、ホームレスへの共感・心象が重なってきます。

❹香港への出店――日本書の古本屋一号店――

アメリカへの調査は二度行きましたが、出店は断念しました。一度目は西海岸、二度目は東海岸へ行きました。アメリカでの在留日本人はあちこちに住んでいて、日本人が集中する地域がわからなかったのです。

(中国・上海・シンガポール・タイにもいきました。中国では法的規制がきびしく文化局でチェックされます。一冊一冊の本に許可証がいるのです。こんなことをしていたら採算が合いません。気乗りがしません。)

それからしばらくしてから、地元銀行の香港駐在員が転勤で松山に帰ってきていました。この元駐在員との話の中で、それだったら香港でやったらどうかとささやかれました。これは「悪魔のささやき」となりました。この当時は松山―香港の直行便(海外コンテナ)もありました。企業の海外進出もさかんにいわれていた時代です。

よし行こうと勇気を奮い立たせ、一九九四年三月、市場調査に行きました。

現地では松山のある銀行の支店長が、香港人の通訳を一人つけてくれました。

その通訳は、香港のフリーの銀行員でしたが、日本語は話せませんが、英語で会話をしました。

こういう場合、香港人だからといって香港の社会について、この場合「書店」ということになりますが、何もかも知っているわけではありません。

まず適当な店舗・テナントを見つけなければなりません。日本人が沢山住んでいるところ、小・中学校のそば、日系デパートの周辺をさがしました。

香港は、テナント料が高いところです。ストリートに面したところはびっくりするほど高い。

日本人が集まる場所、地下鉄（ＭＴＲ）の入口、ミニバスがよく発着する場所を丹念にさがして、商業ビルの二階（日本では三階）が見つかりました。ビルの入口柱の張り紙を見てオーナーに電話して会いました。

次の日、日本に帰る予定でしたので、とりあえず契約書をもらい、料金を聞き出して、日本に帰ってから決めることにしました。契約書の雛形を見てあらかた理解できましたが、イギリス法での難しい単語、文法の使い回しがあってだいたいしか理解できませんでした。日本と異なっているのは、双方（貸主と借主）に異があれば契約解除ができるということです。

貸主が、もっと高く借りてくれる人が現れれば退去を要求できる点です。

その他の点ではほぼ日本と同じです。ただ日本のように保証人は要求しません。

契約金を支払い、サインをして香港に送りました。

出店を決定をしてからすぐに松山から商品（本・雑誌）を送る準備にとりかかりました。貿易業務をやってくれる代行業者もすぐに見つかりました。

コミック・文庫・雑誌を各店から集め、段ボールに詰め込む作業を一週間でやり遂げ、三百個ほどコンテナに詰めました。

それにスティール製本棚を積み込んで、これでOKです。

五日ほどで香港に到着しました。すぐに店づくりにとりかかり、一週間ほどで、完成しました。四月中旬ですが、香港は暑く作業は大変でした。

従業員の募集をしたり、照明を変更したり、レジ用品を売っているところを探しました。こうしてビジネスが動き始めました。

いろんな香港人が協力してくれたり、質問されたりしました。

どうにかスタッフも三名集まりました。名前を呼ぶのに広東語では覚えられません。しかし、心配は要りません。香港人は必ず英語ネームを持っています。

一番苦労したのはムシムシした上での暑さです。安ホテルに泊まっているので冷房がサッパリ効かないのです。

しかし、私には若さ＝体力がありました。

テナント探しから開店までわずか四十日ほどでした。

日本書店 SHARACKU の案内板
ＭＴＲから歩いて５分のところ

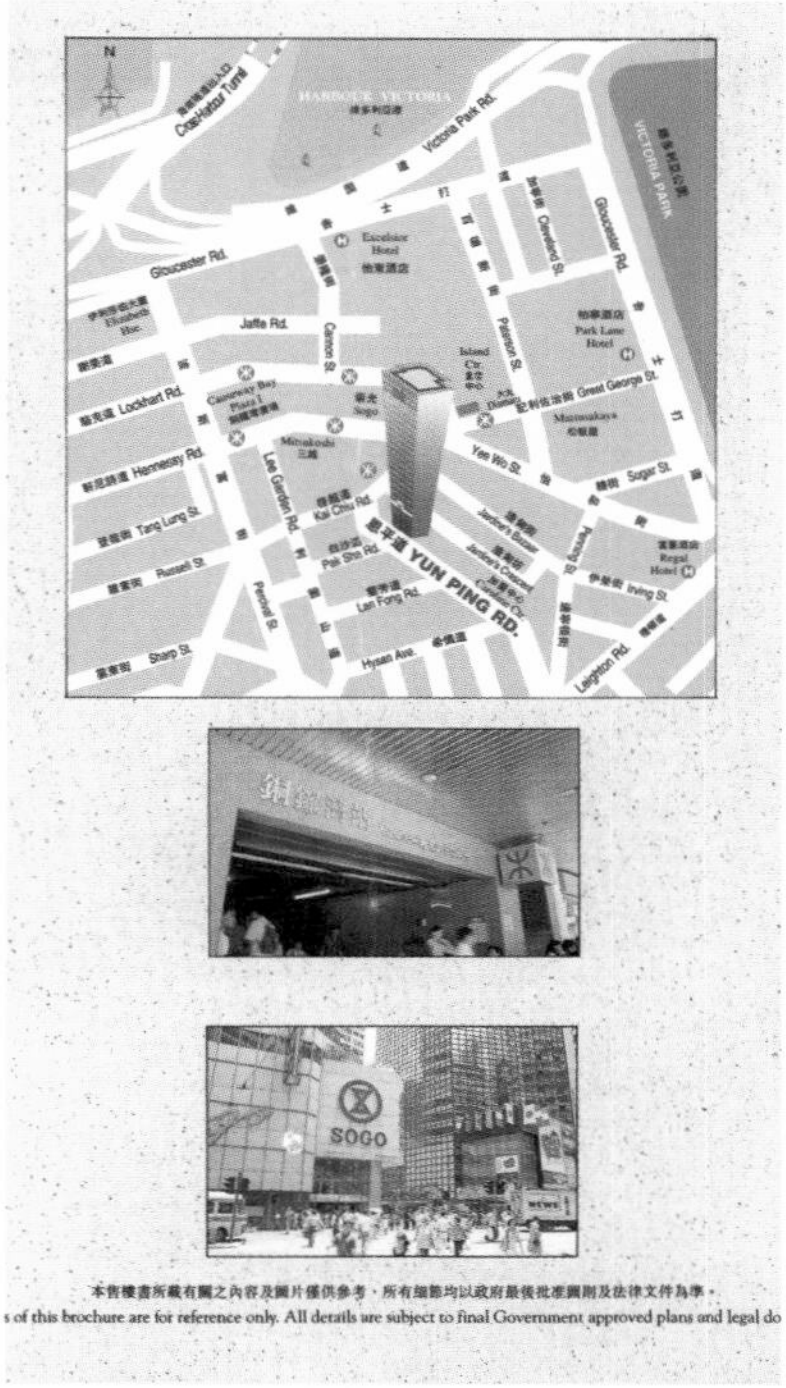

ＨＫ香港店のロケーション
24 階建てビルの 3 階にあったもの

第12章

香港写楽堂オープン　一九九四年四月——はじめての日本発古本屋

1 オープン初日はドッと香港人客が

一九九四年四月二十一日、香港銅鑼湾に店をオープンしました。初日、予想以上にどっと香港人が押しかけてきました。

在留邦人はボツボツでしたが、中学生・高校生も来ました。八十％以上の客は香港の若者です。彼らにとっては日本の本は洋書です。私達が米書を読むのは難儀であるのと同じく、彼らにとっても同じです。音楽、スポーツ、ファッション関係の雑誌がよく売れました。

日本コミックについても彼らはテレビでも放映されているからよく知っているのです。香港の若者にとってマクロス・ガンダムが特別な存在であることを、私はその時まで知りませんでした。地球への侵略と闘うというテーマは、そのまま英植民地の歴史と現在につながっていく心情ではなかったでしょうか。

アニメ本だけでなく、フィギュアも人気があります。

アニメでは、クレヨンしんちゃんが人気でした。漫画本としてはドラえもん、ウルトラマン、亀有、水島新司のドカベン。スポーツまんがはあまり売れません。スタジオジブリの作品は超人気です。Hobby Japanも古いものが人気で（プラモデルの変形技術の情報が載っていた）、松山の古本屋で買っては香港に持っていきました。すなわち、セドリをやっていたわけです。

彼らは、日本のアニメ放映とウルトラマンのフィギュアで育っていったわけですから、日本の古本屋が香港に来るということで、大変な賑わいでした。私はホクホク感を味わいました。

次に売れたのが日本の音楽です。

ジャパンポップスと言われるものです。

安室奈美恵、MAX、嵐、ジャニーズなどの写真集、コンサートパンフが高い値で売れました。中森明菜、酒井法子、シャ乱Q、木村拓哉はみなプレミア本です。日本のこれらアイドル写真集、音楽、そしてアダルトDVDなんかはよく街角のスタンドでもコピーものが売られていました。

予想外なのは、グルメコミックが売れませんでした。在留邦人の子供たちが買っていくことはありましたが。

九龍サイドにはビル一棟一～四階まで日本関係のものが売られている有名な「SINO＝シノ中心」があります。

店舗の数では百五十～二百位ありました。

また、香港島サイドでは、日本のテレビドラマのコピーが堂々とレンタルされているところもあり

明るい古本屋
写楽堂オープン！
4月23日（日）
少年少女コミック、文庫、推理・SF，子供本など３万冊以上。
今回は、日本の音楽CD2,000枚、SFC70本入荷。
皆様の御来店をお待ちいたします。
営業時間：AM.12：00〜21：00。
本は心をやさしくする

住所　2階 Fortune Centre 44-48 Yung Pin Road, Causeway, H.K.
Tel. No.：2576 9929
Fax No.：2577 9412
（ただし4月24日以後）

このチラシは、香港在留の日本人に街道で一人一人に手渡したもの（左）

香港のタウン情報誌「壱本便利」で紹介されたもの（下）

文：淩雲儈　攝：張文智

怪俠一屋書

東洋書俠岡本勢一最愛看手塚治虫作品。

二手書市場在港一直都只局限於女人街旺角等細眉細眼之地，近日竟被一東洋書俠搞搞新意思弄至可登大雅之堂。

此書俠原名岡本勢一，專長劫書濟貧（買賣二手書），在日本地頭已是8間分店的老闆，此番過江主要看準香港也有看日本原裝漫畫及二手雜誌市場，於是搜羅二手老中青三代漫畫雜誌寫真集過江渡海，以濟本地東洋書迷。

屋內書源甚豐，有心打書釘可以打足半日，由少女漫畫以至文學小說、偶像寫真、當紅收藏級漫畫均一應俱全，而且價錢相宜，由$10至百多元不等，以《加治隆介之議》為例，售價只為$30，而且甚為新淨，沒有一點二手痕跡。但一些舊版書籍，如《小飛俠》、《三目小僧》，便要$40-$70，因為有收藏價值。

寫樂堂古書店
地址：銅鑼灣恩平道44-48號恩平中心二樓
電話：25769929

室內設計明亮大方，除了二手書外，還有二手CD，$80有交易。

二手日本雜誌均以半價以下發售：《Hobby Japan》只售$36（原價約$90），攝影熱門誌《朝日Camera》則$33有交易（原價約$80）。

在香港大行其道的《人間交叉點》、柴門文漫畫、村上春樹小說等等原裝版本，均以相宜價錢出售。

5-25「壱本便利」

香港店の入り口（上右）

香港店内の雑誌売り場の様子（上左）

九龍にあったヤオハンに出掛けて外販イベントの時の様子（左）

二手漫畫橋頭堡

現下賣二手中文書的地方，愈來愈少，幾乎可說到了窮途末路的地步。而遠道從日本而來的岡本勢一，偏偏逆水行舟，在銅鑼灣開辦了他的日本二手書專門店「寫樂堂」（香港版）。

從四月底至今，「寫樂堂」的成績理想，雖然店內全是百分百日文，但來尋寶的香港年青人卻出乎意料地多，竟佔了六、七成之數，因爲這兒正是原裝正版的日本漫畫的大本營，雖然不是最新情報，但勝在價錢低廉，只是原價的五至七折而已，所以，每逢有新貨到步，最受歡迎的大作，就會旋即被搶購一空。

「寫樂堂」是香港第一間日本二手書專門店，面積近乎千呎，裏面除了日本原裝漫畫、日文書籍、還有CD、影帶、電子遊戲軟件、寫眞集、古董漫畫及海報等等，可說是個小型日本文化中心。

店主岡本勢一從事了舊書店二十年，在日本四國的松山縣，就擁有八間「寫樂堂」，他表示來港開店是看準了居港的日本人有重大需求，二來日元升值，使新書太貴，但二手書則不受影響，而且種類齊全，亦符合生態原則。岡本先生除了在香港，還打算去上海、越南和泰國等地經營二手書店。

至於他的收集來源松山市，人口雖然只有一百四十萬，但他們的看書量已是全港雜誌消耗量的四倍，如此大量的情報交流，自然造就了大量浪費和二手書店的應運而生。

▲日本流行歌星的二手CD不少是搶手貨，其中大部分更非別處可尋。

通常一般周刊，在二手市場出現，最快都要一個月，正常程序下，還三至六個月就能夠有貨賣，客人可以落訂找書，「寫樂堂」就會把訂購目錄Fax往日本尋找，但不一定就能找到。另外他們也可爲你代找古董漫畫書，所謂古董者最少都有十幾年以上或五六十年代的才名正言順。其實剛剛抵步的一些舊書中，就有數套經典舊書，可以成爲你搜羅的對象，如「超時空要塞」三本一套八百元，「高達」一套五本一千元，「飛鷹俠」的一套三本就也要一千元。

總的就是無論你想找哪一個日本名目，「寫樂堂」都會爲你想想辦法？本港漫畫迷固然對這兒的風吹草動虎視眈眈，但每個周末日，「寫樂堂」也是日本家庭的樂園之一，大有大搵，細有細搵別處買不到的CD，絕版經時的歷史等等。

京二

▲經典的過期雜誌和海報，亦自有大量知音人。

◀放了學就偷偷來看漫畫，「寫樂堂」無論對日本還是香港的中學生，都是理想的蒲點。

◀岡本勢一的「寫樂堂」除了是日本人自己友的天地，岡本手裏拿着的古董漫畫對你來說，亦一樣不會陌生吧。

ＨＫ写楽堂店内のようすが見られる。
地元タウン誌のもの

ました。

毎週新しいものが到着していて、在留邦人の家族、香港の若い人たちも利用していました。

アダルト雑誌は日本で売れているほどには売れません。どうして売れないのかは私にはわかりませんでした。

2 マンガ、アニメ、ファッション誌、音楽がヒット

これまでが第一段階の香港店の売れ行き状態でしたが、まだまだ私には気づいていない香港市場がありました。

それは日本のモノ・グッズとファッション誌でした。

香港から電車で一時間足らずで中国領土内に入ることができます。松山から今治ぐらいの距離です。そこには、日本企業から受託された中国の工場があります。そこには全中国から若い女性が集められ、精巧なものがつくられています。深圳は女性の数が男性の二倍だと言われていました。

そこの深圳・東莞・広州市一帯が世界の工場となっています。香港人は、そこへビジネスで行っているのです。

在留邦人の多くは、香港にいて子どもたち・家族を養っています。文部省の小学・中学校があります。その他の国の人々にとっても生活・教育・情報インフラの整っている香港で生活をしていますがビジネスの場は中国でした。

日本発の文化を吸収して、日系企業で働いている香港人も多いのです。となると、日本商品に対する関心は高まります。例えば、フィギュアなんかも深圳あたりで工場を持っていて、そこでアニメキャラ、ゴジラ等が制作されていました。アメコミよりも日本のグッズに興味・関心が集まっていて、情報をつかもうとしていました。ファッションにしても欧米よりも東京ファッションに人気がありました。日本の古本屋ではこの二つの雑誌（モノ系とファッション誌）を扱っている店はほとんどありません。ほとんどの日本人は新品を買います。ところが香港市場ではアニメと日本のグッズの雑誌のリクエストがあるのです。

日本発の服装・ハンドバッグ・時計・ブランド品の最新情報が求められていました。日本では読み捨てられていく「with」「MORE」「story」「キレイ」が香港市場では実益となるのです。

このことが分かったのはオープンしてから六か月後のことでした。それで松山で読み捨てられているこれらの雑誌の三か月以内に発行されたものを集めるのが私の仕事となりました。

香港人は気楽に、我々が松山↓東京へ行くのと同じ気持ちで日本はよく行くところだそうです。香港人が大阪や東京に遊びに行くのは、松山人がそこに遊びに行くのと同じです。中学生にもなると一人で日本に行きます。

もう一方では、英国、アメリカ、カナダの話もよく聞かれました。

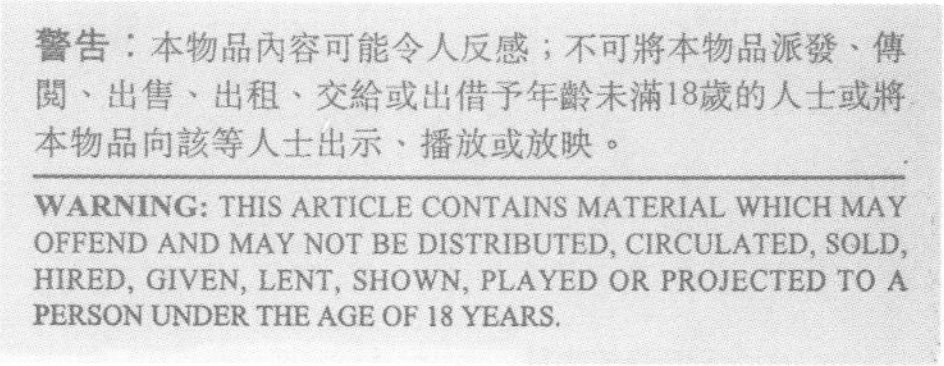

このシールは、ビニール袋に入れた雑誌の表面に貼り付けておかなければいけない。

3 一九九七年香港返還は社会構造の変化を促す

一九九四〜一九九八年の四、五年間でこうした日本・香港の関係も変化し、日本書店・香港写楽堂も対応を迫られてきました。

テナント料が一層高くなりました。中国系資本が入ってきて、小売業・飲食の分野でも高くなりました。

私が開店したときは、円換算でアバウトですが対中国十一円対香港十三円でしたが、どんどん中国元が上がってきました。今ではそれぞれ二十円対十八円です。香港元が中国元より安くなったことは、香港人にとって大変ショックでした。

もっとも、二〇二三年の現在、日本人はもっとショックをうけています。今の円安では日本はチープな国です。

以前には、中国の経済発展は、輸出主導で行われていたために対ドル相場は低く抑えられていたと言われますが、今では約二倍の高さです。中国元が強くなったと言われています。今では中国は部品調達をより安価な東南アジアで行っています。二〇〇〇年頃まではその服装・スタイルを見て中国人だとわかりましたが、今では香港人と区別がつきません。

かくして私は松山でせっせと仕入れをして、二か月に一回くらいの割合でコンテナ便を送りました。マーケットが違う国で、古本を売って〝プレミアム〟な利益を手にすることができました。日本

1997 年の香港返還に反対するデモの様子

では、あふれて商品とはならないものが売れていきました。

この時期に香港返還（一九九七年）がありました。一九九七年七月一日、香港が英国支配を脱し、中国の特別行政区となりました。香港のいたるところに照明が灯され、香港市民が一斉に街中にあふれて通行ができない状態でした。

返還反対の市民も多く、デモ・集会もありました。ある香港人に意見を求めたところ「大丈夫ですよ、五十年も経てば中国も豊かになり、民主主義国家になります」と答えていました。

一九九七年七月一日には私も香港にいました。ＮＨＫ松山から「現地の状況はどうなっていますか」という電話インタビューをうけました。

４ 尖閣列島問題は民族感情に油を

この当時、尖閣列島上陸事件もありました。

香港・台湾の民主派の人が、共同で船に乗り上陸を試みようとして死亡者が出たという事件です。

翌日、宿から店に行ったところ、ガードマンにその記事がある新聞を見せられ、抗議されたことが

シーク教徒のMRシンとパキスタン人の高校生等
との終わりのない談義、夜更けの交流

兩岸旗飄　主權在我

蘋果日報　號外

APPLE DAILY

今晨成功登釣島

港澳台保釣人士今晨成功搶灘

曾健成插旗獻花悼陳毓祥

港澳台保釣人士成功搶灘登陸時間表

花費百萬　月餘演練　今派用場

保釣船勇鬥日軍艦

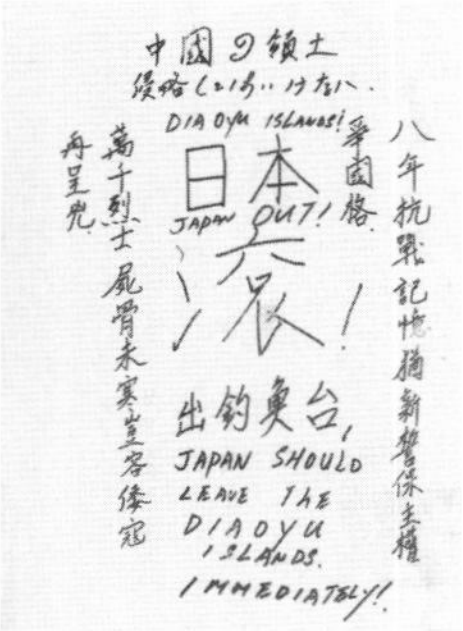

↑街道に貼られていたビラ

←現地・香港紙は尖閣列島の日本占領が大きく全面でとりあげられていた

あります。

私も対応に困っていたところ、他の香港人が「国と国の問題を日本人の個人に文句を言うのはおかしい。この人に言うべきではない」と諭し、その場が収まりました。

まだこの頃は、日本は再び軍国化、侵略するのではないかという疑念があったと思われます。香港写楽堂のスタッフからも日本の教科書検定にふれて「日本では正しい歴史教育はされていない」というのはほんとうのことかと聞かれたことがあります。私はいささかとまどいながら、「そういった人たちもいるが、全部が全部そうではない。学校の現場、現場で正しい教育はされている」とあまり正確ではない返答をしてしまった記憶があります。

あれから二十五年余りたった現在、香港の民主化運動は圧殺されてしまいました。もう私にはこの問題にかかれる気力・体力はなく「どうなっていくのだろうか」と希望が沈んでいくばかりです。

また、当時ヤオハンの香港が、やがて上海へ進出するということが話題となっていました。香港写楽堂は、ヤオハンのお店で外販を一度やりました。九龍半島の真ん中あたり、高層住宅地にヤオハンはありました。そこに銅羅湾の店からトラックをチャーターして運び入れました。日本書フェアーをお一人様でやりましたが、大した成果はなく終わりました。在留邦人が全くいないところでしたから。

それからまもなく、ヤオハンも中国から撤退しました。

第13章 二度目の投獄（日本――香港）

1 私の誤った判断がポルノ法違反事件へ

――ポルノの氾濫はどの国もアウトですが――

問題の一点目、最初のころはうまくいった収支バランスは、二、三年たつうちに悪くなっていきました。常時三～四名いた人員を減らすことにしました。

親日的であり有能なスタッフに解雇を言い渡すのは心苦しかったです。現地スタッフによると「雇用の悪さがあり、賃金も上昇しない」とのことでした。

このような時経営者は言いようもなく、罪の意識があり孤独になります。イギリス植民地の中で、夜昼となく二つ三つの職を持って働くのは当たり前の社会です。申し訳ない気分でした。

この解雇・整理の件が次の大きな事件（ポルノ法違反）につながっていくことになったのではないでしょうか。

次の二点目は私の判断ミスです。

どの国においてもポルノのはんらんは、性秩序や社会秩序を乱すものとして悩みの種となっています。表現の自由との兼ね合いがあるにしても教育上の問題があります。青少年への悪影響から一定の取り締まり対象となっています。

私はここで大きなミス――街中にこの種の雑誌があふれているから私も売っていいのではないか――と考えていました。これは「たくさんの人がやっているからいいのだ」という誤った認識です。実際には、香港にはポルノ規制法――obsene Articles があって、ここでは、ワイセツの度合による四つのステージがあり、それぞれ取り締まり・指導の対象となっていました。

ただこのことの理解は、香港人と違う外国人には判断するのが難しい点があります。日本と同じく、18禁の表示義務もあります。この点では日本よりきびしいように思われます。

ポルノの物品については、違法かどうかを判断する審査委員会（裁判所の中）もあるということは後でわかったことでした。

三点目は日本の週刊誌の正月記事です。

前年の十二月に出版・本の事情についてのインタビューをうけていました。

一九九八年××週刊誌の一月号には、香港での巷にあふれているコピー本・ポルノ本のはん乱を写真記事で大きく取り上げていました。その記事は「私が言ったこと」をつなぎ合わせて、あらかじめ決めていた結論に当てはめていく手法でした。私の言ったことは少しも載せることなくまるで香港が無法地帯であるかを印象付けようとするものでした。香港の現実、どのように健全に発展しようと努力しているのかが欠如していたのです。きちんとした調査もせずに、香港をおとしめていく記事です。これでは日本人の香港観がさげすみのものとなっていく恐れがあります。恥ずべき内容でした。

現実には香港では著作権の保護もしているし、違反するものには厳しい制裁を科しているのです。コピー品を押収して、それをブルで踏み砕くことによって取り締まりを強化しています。

2 ワンチャイ警察への出頭・逮捕

一九九七年暮れには私は日本にいました。深夜に香港から電話があって、「今、店の物品が押収されている。これから私達二名も警察署に連れていかれる」と連絡が入りました。少したって「取り調べが終わった。金を納めないと釈放されない」と電話がきました。かと言われても、私は日本にいるのだしと困ってしまいました。

とっさに台湾人で日本企業に勤めているＸＸさんを思い出し電話を入れてみることにしました。「よし、今から警察署に行ってくる」と引き受けてくれました。釈放された香港写楽堂のスタッフによると「社長はいつ香港に来るのか、来たら出頭するように伝えてくれ」と言われたそうです。

一九九八年一月、香港ワンチャイ警察署に出頭するべく松山から飛び立ちました。

香港についてからまず調べたのは、どんな法律違反でどんな罰則なのかということでした。

香港人に聞くと、大抵の人は皆「大したことにはならない、小切手（check）を用意してお金を払えばすむ」と言ってくれました。

香港人の言葉を全部信じるわけにもいかず、何とか「Obcene Article」のパンフを手に入れましたが、その罰則がどうなのかがわかりません。一週間ぐらいの航空チケットの滞在なので、出頭することに決めました。

香港人の警察官の取り調べは短かく、やがてイギリス人の上司が来て、「You are under the arrest.」と告げられました。今日本語通訳を呼び寄せているが、ちょっと時間がかかる。待っていてくれと。

やがて女性の通訳が来ました。すでに出来上がっていた取り調べ内容の意味通訳だけでした。

すでにワイセツ物品も押収されているし、スタッフからも情報は取れていたので私への尋問はほとんどありませんでした。

驚いたことに、調書のコピーを渡してくれました。これは日本ではありえないことです。

保釈金らしきものが呈示されたので支払いました。すぐに釈放です。

私が日本に帰る日を告げると、その二日前に公判を指定されました。

釈放されて、二階から一階に下りました。お店で働いているスタッフの処分はどうなるのかが気になり再びイギリス人上司にとりつぎをお願いすると、すぐに現れました。

私がその旨を告げると、彼はすかさず「現地写楽堂スタッフのことは心配いらない、そのかわり、君がこの被疑事実を争わずに法廷で認めてくれ」と念を押されました。

「yes」と言ってくれと。いわば一種の司法取引です。

後に弁護士はこれは司法取引にあたると言ってきましたが、口頭でのやり取りだったので、私は問題にしませんでした。

香港の司法警察の意図は、何としても私を有罪にしようとすることでした。

この事件を「日本のポルノ王」として仕立てて有罪にし、それを大きくフレームアップしてマスコミに原資となるニュースを提供しようとしていたのです。

この時、私にはこれ以後のことについてはまだ十分にはわかっていませんでした。

それで二、三人の在留邦人の友人にどうなるのか聞いて回りましたが、ほとんどの人が「香港は何でも罰金だから、金さえ払えば済む」と言います。

半分は楽観的でしたが、しかし不安もありました。押収されたビデオ（VHS）、ポルノ雑誌はかなり多かったのです。

3 即効裁判で懲役四か月の宣告

取り調べから三日後に香港島西湾にある東区裁判所（Eastern Magistrates）に召喚されました。

いまだわからないこともあります。正式裁判の前に別室に呼ばれ、この罪を認めるのかどうかの審問がありました。これが予審なのかどうかいまだにわかりません。たぶん罰金を払えば済むであろうと思っていました。

やがて、二百人位入れる法廷に連れ出されました。次から次へと他の被告も呼び出されていました。判決のたびにどよめきが起きていました。流れ作業のように判決が下されていくのです。私の番となり、オリの中に入れられました。私の意見陳述の機会もなく、弁護士もなく、すぐさま四か月の懲役が宣告されました。不思議なことにそれほどのショックはありませんでした。え!! 罰金刑ではないのかと思う間もないほど、あっという間でした。

すぐに「あー、これで香港社会のもう一つを見ることができる」という何かを得た感覚なのです。

裁判官の判決理由としては「香港にはポルノがどこにでもある」「一般の社会人はポルノに対して嫌悪感がある」「日本のポルノ王として香港社会を汚染した罪は重い」ということではなかったでしょうか。人間には危ないもの見たさの性情がある。何事も受け止める私です。

オリの中に入れられたままエレベータで地下に直行させられて(まるで映画「沈黙の羊」の一場面みたいでした)、夕方までいました。

その日の晩方、九龍半島にある未決収容施設にバスで乗せられていきました。そこは香港人以外の人達が多く、騒がしいことこの上もない雰囲気です。一階のグランドにはバスケットコートがあって、思い思いにプレーを楽しんでいました。

昼間はテレビを見るか、そこら辺を歩き回るか、オシャベリの時間です。

晩ごはんが終わって就寝時間になると、房内に二人ずつ移されます。

私の房にはベトナム人がいたのですが、共通言語がないために会話はできませんでした。

誰かが歌っていましたが、房が一列のため顔は見えません。フィリピン人のプロシンガーです。その人に向かって「I'm Japanese.Please sing ビートルズ "let it be"」とリクエストしました。

香港のすばらしい一夜でした。ここにいる人達——なぜか外国人が多い——から、プロの歌をきかせていただき、酔いしれていました。どんな罪状の人でも、この曲を聴けば、胸の中に自由へのあこがれが起きてきます。誰でもは味わえない香港の夜でした。

4 東頭刑務所に移される

二日ほどここにいましたが、拘置所の職員からの面接があって「アピール」＝控訴するのかどうかとしつこく聞かれました。その時までにある香港人（同囚）から「こんなところにいるより刑務所に行った方がはるかに楽で良い」「アピールするのなら向こうに行ってからでもできる」と聞いていました。

アピールをしないというと、すぐに翌日香港島のうら側のスタンレー（赤柱）にある東頭刑務所に移されました。

香港は一月二月は夜になるとかなり寒くなります。三週間ほどここで暮らすことになりました。私の逮捕が家族や従業員を悲しませることになってしまって気分も落ち込んでいましたが、ここは日本での経験も踏まえて頑張りました。

生活は五十人ほどの大部屋でした。大部屋が三つほどあってそこで起居します。マレーシア、ベトナム、スリランカ、南米人とアラブ系と多彩なキャストです。

私が入った房は香港人が多く、出所間近の人や比較的軽い刑期の人、知能犯といわれる人が多くて秩序は保たれていました。日本人は私の他に二名いました。

昼間はバスに乗って、近くのランドリー工場に行っての作業です。刑務官は日本のように「整列！」という命令はかけません。バスの発着前後には人数確認をするのですが、皆勝手に動き回るので何回も数えなおしていました。

ある朝、隣のフェンス区画に二人のアラブ系マフィアが散歩をしていました。一人の刑務官が大きな犬を連れて一緒に歩いています。

皆がおそれをもってじっと見つめていました。聞いたところではドラッグの密輸入とかで長期刑を食らっていたところ、近日釈放されるということでした。囚人たちはそのアラブ人を畏怖の念をもってじっと見ていました。

第14章 オリの中は香港社会の縮図

1 オリの中には日本人先着二名がいた

香港東頭刑務所に移送されました。上環の坂道を通って、香港島の裏に行くのです。有名な水上レストランを経て、ビーチが広がっています。

香港テレビを見ると、毎日サメ情報が出ています。沖合に網が張ってあるのが見えてきます。

着いてすぐに衣服をいったん脱がされて、宣告があります。だが何を言っているのかわかりませんでした。お金などの私物を預かってくれました。

私が糖尿病の持病があると告げると、どの程度の段階か聞いてきて血液検査をしてくれました。係官は「よしわかった」と言ってくれ、「配慮する」と答えてくれました。

それから衣服を再び着けて、寝起きする房内に入りました。房は全部で三つありました。そこはベッドの数が五十個あって、トイレとシャワー室、洗面道具置き場のある質素なものです。

早速周囲を見回すと、その中に日本人二人、スリランカ人一人、ベトナム人一人その他はすべて香港人です。みんな友好的でした。房内の監視をしている看守も香港人だけでなくインド人もいました。

このインド人はいたってニコニコして、いろいろと私に聞いてきました。もちろん隔離している網越しにです。シーク教徒で頭にターバンを巻いていました。

なぜかインド人はポルノには全く無関心です。

インド人がポルノのグラフィックとか、日本の動画AVに興味がないのは、彼らには幼少のころから脳みそに焼き付いているインドの神々、シヴァ神があるからでしょうか。

日本人の二人のうち一人は一年前くらいに私の店に来たことのある人物でした。日本に帰ろうとして空港に行くとそこで逮捕されたそうです。日本の会社がその人を告訴していたそうです。

私の店に来た時は、お金がなくて、どこかの教会で寝泊まりしていると言っていました。それで近いうちに判決が出るからと、持っている日本語の本を売りに来たのでした。

その時の話では「香港の駐在員」（ある企業の）として働いていたが、会社の未承認の金を使っていたということで業務上横領の罪だそうです。私もすっかり忘れていたのですが、オリの中で再び会えるとは思っていなかったので、ギョッとしました。房の中では一緒に行動することはありませんでした。

その人の言うことには、現地香港人に接待（=ヤムチャ）をした時、二人くらい来ると思っていたらその周りの人まで来て大勢となって、大きな出費となってしまった。この点を会社がついて、業務上横領となったそうです。

私の房内の生活は、いたって平穏でした。寝起きの場所は二階にあり、房から外に出て人数確認をしてから一階の食堂に向います。

すこしの人数ですが欧米人もいて、西式・日式（西洋料理・中国料理）のモーニングを食べます。その後バスに載せられて、ランドリー工場での労働です。

2 夜はポルノと日本語の教師に

香港は限定された場所です。そこではいつ看守は外に出て行った元囚人や組織の人に出くわすかわかりません。ですから、看守といえども暴力をふるったり、大声でどなったりすることはできません。仕返しが怖いのです。

刑務所には香港マフィア以外の普通の香港人もいます。ワイロでつかまったとか、交通事故案件で入獄している人もいました。その人からは、石けん、歯ブラシはちゃんとあるかとか、困ったことは何もないかとか、何回も声をかけられました。

私がワイセツ法違反、日本のポルノ王だということが新聞報道で知られていましたので、彼らは友好的でした。

ある晩「日本のフーゾクを教えてくれ。どんなサービスがあるのか、日本のどこに行けば良いのか」聞かせてくれと、頼まれたことがあります。

私はこうなるとエンターティナーになってしまわないと、その場がおさまりません。何しろ日本のポルノ王ですから。

私の英語力では、十分な説明ができませんでしたが、そこはたくみに手ぶり足ぶりで表現し、みんなをエキサイトさせることに成功しました。みんながもうすでに知っていることであっても、表現し、リアル感を持たせることが必要です。ここでも私は面白い話をする人だと喜んでもらえました。英語がわからない香港人には、同じ香港人が同時通訳してくれました。

この晩は十名程集まってもり上がりました。

更にもう一つの生徒グループ六～七人がいました。夜、私に日本語を教えてくれと言ってくる人たちです。中国内地の朝鮮族密出入国者です。彼らは東北部三省出身だと言っていましたが、はっきりとはわかりません。香港にきてから、韓国系の偽パスポートを手にして日本に入国する際に発見されて、送り返されたそうです。

彼らは日本入国の審査で見破られ、出発地香港空港に移送・逮捕されたそうです。四～六か月働かされ、満了になると、中国国境・ロフーで中国警察に再び逮捕されて罰金を払うそうです。

何故日本語を勉強したいかと聞くと、日本で働いてお金を稼ぎたいからです。国元に帰ってお金を手にしたら他のルートで再び日本に入るというのです。

同じ囚人のよしみで日本語教師となることにしました。

驚いたことには、彼らが持っていた「日本語練習帖」なるものが、一九四五年以前のものでした。二名程は、初級日本語は勉強しているようでした。この二人は、中国内地の日本企業で働いたことがあるそうです。「ひらがな」アイウエオから教えていきました。

何しろ刑務所のなかですから、タバコ一本が月謝となります。刑務所から釈放時に支給される報酬はわずかですので、タバコやお菓子は内では買えません。釈放されて中国領内に入っても、政府からさらに金をとられ、生地に帰ります。そこで帰る道中でも中国領土内のあちこちで働きながら生地にたどり着くのだそうです。

3 ランドリー工場での懲役労働

ランドリー工場では、病院のシーツ、衣服、帽子などを折りたたむ作業です。私がまじめにやっていると、香港人が私のところにやってきて「いっしょうけんめい作業しなくても良い、おまえはすぐに外に出るのだから。お金もちょっぴりしかくれないぞ」というのです。看守はお前がサボっていても怒らない。私達が君を守ってやるというのです。何故かと問うと「香港は小さい町だから、刑務官といえどもすぐに街の中で出くわすから、彼らは私達を恐れている」と言うのです。

大部屋二つで百人位いましたが、やがて誰がボスであるかがわかってきました。ヤクザ的組織と普通の香港人グループの二グループあって、それぞれにボスがいて、その周りには、ボディガードがついています。一度だけ昼食事に二つのグループが対立したことがあり、一斉に立ってにらみ合いがつづきました。香港警察VSヤクザという、ジャッキー・チェンの映画のようにやはりこの種の対立はあるのです。

この時ばかりは、いつもおとなしい刑務官が大声を出して双方を落ち着かせて静まりました。仕事をやめて工場の中を歩いているとあちこちで毛布やリネンにくるまって寝ていたり、トランプでバクチをやっているグループに気付きます。皆が作業をしないので、作業がライン上で止まってしまっています。なんと、刑務官が囚人の代わりに作業をしている日もありました。日本ではありえないことです。刑務官が囚人の代わりに労役をしているのです。

夕方は早めに仕事=労役を終わって屋上グランドに行き、めいめいがランニングやバスケット、散歩、卓球をやっています。こんなことも日本では考えられないことです。

大部屋に帰ってくると各自がシャワーをあび、一人一台のベッドでくつろぎます。ロッカーもあります。香港人のグループが一かたまり、二かたまりとなって、トランプのかけ事・ゲームをやりますが看守は注意もしません。深夜の一、二時までやっていると、もうやめなさいと勧告が来る程度です。

しかし、このバクチはちゃんと胴元がいて、現金で決済されていました。タバコ一本がいくらと決められていて、ただちに外に連絡がいき、外で決済ます。遊びではありません。いわば、日本でいうヤクザのしのぎ=ビジネスです。

4 ランドリー工場ではお昼寝・散歩

食堂では私が糖尿病であることが幸いしました。と言ってもアジの焼き魚が他の人よりもう一匹ということだけです。薬の処方はありませんでした。

朝十時、ランドリー工場までバスに乗っていきます。窓からは外のビーチやら、観光にもなっている穴の空いたマンション（風水占い）を通り過ぎて到着です。

主に病院などで使う敷布、帽子、手術服などの折りたたみです。

看守は高台から下で働く我々を監視していますが、すぐに懲役囚の半数が寝っ転がっています。

私はそれでも持ち場を離れることもできずまじめにやっていると、香港人が来て「仕事はやらんでもよい。お前は短い刑だから。どうせよく働いてもわずかの金しかくれん。日本人にとっては大した金ではない」と忠告してくれました。

それで私も途中で仕事をやめて場内を散歩することにしました。

目の前にたくさんの敷布が自動機から出てくるのに知らん顔で、ついに看守が来て自分でやり始めました。誰も手伝いはしません。敷布があたたかいからその中で寝ているものがあっちこっちにいるし、敷布を尻にして、三人ぐらいでトランプを使ったバクチをやっている者もいます。イカサマバクチです。

それでもどこの国にでもマジメなやつもいるからどうにかなるものです。仕事をする人がいるのです。

ランドリー工場は業務委託であったのかもしれません。したがって彼らは看守ではなくて委託従業員だったのかもしれません。午前中二時間、午後三時間くらいの仕事ですから、楽なものです。

こんなことで採算が合うのか。懲らしめにならないのではないか、まじめに仕事をしない囚人だらけです。

一つだけ困ったことがありました。トイレの大のほうです。この工場では、大部屋で共同で排泄をします。十畳くらいの部屋に穴が等間隔に九つ位あります。前の人の尻が丸見えで、あの音が容赦なく伝わってくるのです。しないわけにもいかず、えいくそと思ってしゃがんだのも今ではいい思い出です。

香港の街ではこんなことに出くわすことはありません。古き良きものが、こんな番外地には残っているのです。

さて、土曜日は半日仕事をして帰ってくるわけですが、三階に屋上グランドがあって、そこで過ごします。バスケットコートもあって、その周りはランニング、ジョギング、卓球台があります。これはこの刑務所の他の房からも来ますから、二百人位になります。

香港以外の外国人が多かったです。アラブ系の人も多くて、彼らはスポーツに汗をかいています。自己責任が強い国ですから、病気になっても国の保険・支援はありません。生きていくためには自分で身体を大事にするんですね。

刑務所内ではトラブルを起こしてはいけません。一番気を付けないといけないことがあります。他人のものには絶対手を付けないこと、下に落ちているものでもひろわないことです。

ここでは拾いと持ち去りは禁止です。房内では許可された私物のみ許されています。洗面道具とか、タオル、お菓子、食べ物、それに新聞も例え机の上にあっても誰か所有者がいるので許可なしに読んではいけません。

5 夜はマフィアのバクチ場

夜は、二か所でトランプバクチが毎晩行われます。タバコ一本のレートが決まっていて、刑務所の外で決済されます。外に関係者がいる者しかできません。

結果は面会や手紙、何らかのルートで外に知らされます。したがって刑務所の中にいる間に負けがこんでしまうと、釈放されて外に出ても借金が増えているだけです。

香港のような狭い地域では逃げられません。したがって再犯が多いのではないでしょうか。

ある時、香港のビクトリア公園で、その現場を目撃しました。

私が香港刑務所の中でよく見かけた囚人の一人が、ビクトリア公園の片隅で老人相手にバクチをやっていました。そこを香港警察によって急襲されました。

かけ子は上半身を脱がされ、しゃがまされて、ポケットのものを全部前に出させられていました。

バクチをする囚人は大概は生活力がありません。バクチで捕まって刑務所に入り、そこでもバクチをして借金だらけになって出てくると、また同じバクチの罪で逆もどり。シャバとオリの中を行ったり来たりのメリーゴーランドです。

そんなことを一生繰り返しているのではないでしょうか。バクチへの依存症はグルグル回転し伝染していくものなのか。メリーゴーランドに乗ってはいけません。しかもバクチのシステムは、マフィア組織の上下関係の収奪になっているのです。

刑務所の管理は、囚人への監視と配慮が最重要課題です。暴動が起きたり、抗争が起こらないとは限りません。バクチをやらせる代わりに、私達（刑務所側）の体面はつぶすなという暗黙のルールがあります。

自分のお金で一週間一回は買い物ができます。夕方、注文した商品の入った段ボールが到着すると、それを一人ひとりに配る人達がいます。看守の目を盗んで、その品物をすばやくフロアーを滑らせて一瞬の間に相手に届けます。自分のお金で買ったものが来ないからといって看守に告げることもできません。刑務所の内のマフィアのボスには必ず、ボディーガードが十人位ついています。柵の内でも搾取は続きます。マフィアにとっては力の誇示となります。

何かのときに一瞬もめ事が起きました。すると十～十五人が突然立ち上がって、相手を威嚇する挙に出ました。もう一方のグループは、寄せ合わせの悪でしたが身構えました。すぐに看守が机に上って大声を張り上げて双方を座らせて、鎮めました。

日曜日は、食堂の大部屋で過ごします。その時、私服の人が二～三人入ってきます。彼らはオンブズマンです。服役者一人ひとりに相談に乗ったり、カウンセリングを行っています。房内でのいじめや虐待がないかをチェックしています。

手紙の封書・ペーパー・切手を渡しています。また、家族に電話をさせています。特に外国から来ている囚人に丁寧に応対していました。

刑務所の中であっても、囚人同士のなかに人権無視やいじめはあります。それをチェックする第三者機関としてのオンブズマンが香港にはあるのです。ごく普通の人の好い香港人が囚人の心に寄り添っている。まさに罪を憎んで人を憎まずを地でいっているのです。もしかしたら、我が国は人権後進国なのではないでしょうか。こんな制度は日本にはまだまだありません。

しかし、もっと面倒な問題もあります。刑務所の内で行う作業が収奪の対象となっている場合です。私が経験をしたランドリー工場の場合はどうでしょうか。この作業で支払われる賃金は、涙金です。だったらランドリー工場の収支はどうなっているのでしょうか。ここでの剰余金はどう分配されていくのでしょうか。日本においても、刑務所の民営化がすでに行われています。随意契約に基づいて行われていると思いますが賃金は少しです。ここに大きな利権が発生しているように思われます。

6 保釈されて控訴の準備

このように楽しくかつ有意義にすごさせていただいていましたが、心配事がありました。アピール（控訴申請）をしないと、刑が確定してしまいます。このままこんな快適な囚人生活をして遊んでいると、私は香港追放・資産没収となってしまいます。

香港刑務所で満期になると、出所そしてそのまま香港空港から国外退去となります。すでに国外退去命令（デポテーションオーダー）が出ているかもわからないのです。囚人仲間たちがそれを教えてくれました。

保釈—アピールをするにしても、香港には知った人も、支援者もいないのですから、どうしようもないのです。誰も知り合いがいないので、刑務所内からは行動ができません。

この時、役に立ったのがわが息子と××銀行の○○さんでした。○○さんは息子の香港滞在の便益をはかってくれました。また刑務所での面接やら弁護士のお世話を受けました。香港の大きな法律事務所DEACOSに決まり、担当の弁護士○○女史が決まりました。

弁護士からの請求で保釈申請がなされ、その公判が二月末に行われました。

囚人仲間はみな喜んでくれました。外に出たら必ずお前の店に行くから、いっしょに食事をしようと言ってくれました。実際この後刑務所から出てきた二人の香港人が店に来てくれました。控訴裁判の時にも傍聴人として来てくれました。

二月末にまずは保釈され、控訴の準備にとりかかりました。保釈後はすぐに刑務所の私が日本語を教えた生徒たちに韓日辞書の差し入れをしました。

7 この事件は有罪である

弁護士は、大きな香港法律事務所の一員でした。第一回目の話し合いはワイセツ法そのものを表現の自由を盾にして争うかどうかでした。香港にも支援する人はいるというのです。

私は、この時一刻も早く日本に帰りたいというのが一番でしたので、ことわりました。

香港の法律、この場合ワイセツ法が違憲だとしても私は外国人です。その私が他の国の法律・解釈についてあれこれ言うのはちょっと無理であるとお応えしました。

次に弁護士は、押収したワイセツ物品を実際に見る必要があるとのことで、次回ワンチャイ警察署に行くことにしました。

第二回の打ち合わせは、私が取り調べられた部屋にワイセツ物品が運ばれ、私が選任をした女性弁護士はそれをチェックしようとしました。

私はその時、公判でも争わなかったように一貫して、ワイセツであるかどうかは争うのはムダであると決めていました。

何故ならば、西湾の裁判所の中にある有識者会議（コンサルテーション）の部屋で、調査をしていたからです。そこではワイセツ度が四段階あって、私の日本から持ってきたモノ（雑誌・ＤＶＤ）は、ポルノワイセツ度基準のレベル３であることを知りました。この会議室ではすでに違法となっていた日本・アメリカなどのＤＶＤが置いてあるのです。

レベル３は「性行為連想しうるもの」となっていますから、これでは法律的には完全にアウトです。

押収された私の日本のアダルトビデオはすべて無罪であると主張するつもりはないことをはっきりと弁護士に伝えました。

❽アピールの基本方針は執行猶予付きの判決を

そこで次のような基本方針を立てて、資料を集めるようにと弁護士から指示がありました。目的（Goal）は、執行猶予にありました。何としても国外追放をさけるためです。

①証拠となっているこれらの物品・図面・写真集などは、日本人管の正規の手続きを経て許可されたものである。

②本人の学歴、日本写楽堂の実質がわかるもの、納税証明など

③香港写楽堂の店内レイアウト、写真、モノの配置図

この三つの資料は、日本のポルノ王というイメージは、マスコミや警察によってつくられたものであること、本人は日本の会社を運営している普通の人であること。店舗のモノの配置図から見ても押収されたワイセツ物なるものは、ほんのわずか十％くらいの占有である。他の九十％は、単行本、コミック、アニメ、雑誌などの違法性のないものであることを示すためです。

①について、押収されたワイセツ物品は、日本では公然と売られているものである。香港でもあちこちで売られていたものだから違法性がないと判断したものである。

②被告は、ポルノを専門に扱っているプロではない。日本には家族もあり、普通の生活人である。また、大学を卒業している知識階級であり、子供もちゃんとした大学・高校に行っている。
③香港写楽堂で売られていた違法なものは、わずか二十%未満であり、大半は日本書籍である。在留邦人の読書生活を支え、日本の文化を香港に伝える役割をしていたものである。
④被告は自ら香港の法律を調査して、有害であり、シロ・クロを争わないと一貫している。被告は自らの誤解、判断を正す人であり、すなわち責任感のある人間である。

以上の四点を証明するために、先の三つの資料を集めたり、作ったりしたのです。

9 控訴審は多くのマスコミ・日本人も

最初パキスタン人の裁判官が私の件にかかわると連絡が入った時に、えーまさかとショックをうけました。イスラム教はポルノに対して厳しいのです。しかし、直前に香港人の裁判官にかわりました。

私は、判決がくつがえらない場合、そのまま刑務所へ逆もどりすることもありとして、私物をリュックにつめてでかけました。

写楽堂松山からも二名が傍聴にきました。A銀行さんは、知人に呼びかけて多くの在留日本人がつめかけました。香港のマスコミも二十人位で傍聴者は総勢百人近くになっていました。

あとから聞いたことですが、私を調べたワンチャイの警察も来ていました。

法廷が開始されると（裁判官はあのイギリス帽子を着用）、弁護士が立ち上り、スピーチをはじめました。英語なので法廷通訳が付きました。

法廷での弁護人発言要旨：

「被告はまじめな本屋を営む人間であること、本・雑誌の中にアダルトのものがあったとしても日本文化の一つとしてとらえていた。この香港のワイセツ法の基準はあいまいで、外国人には理解しがたいことであり、理解不能となっている。

文化の違いから生じてくるもので香港社会を傷つけようとしたものではない。香港ユネスコにもこの事件前から基金を寄せている。また、香港中文大学日本語科にも本を寄贈している。

被告は、やってしまったことに強い責任感を持っている。こういう人はResponsible Personであり、こういう人を更に罰する必要はない。二度とこのようなことは繰り返さないであろう。」

二十分ほどの弁護士のスピーチが終わると、裁判官が二十分ほどの休憩を告げました。こんなことは異例だといいます。マスコミに聞いたら、「良い結果になるだろう」と言ってくれる人もいました。

再び開廷が告げられ、即座に言いわたしがありました。執行猶予！

私はGoalに達しました。皮肉タップリの判決文ではありましたが。

⑩まだまだ続く香港写楽堂

法廷を出ると、多くのマスコミにとり囲まれ、インタビューをうけました。

この時のやり取りは、次の日の朝刊に出ていました。

どの国のマスコミも同じ。私の主張は法廷では通じましたが、マスコミには通じなかったのです。

「ポルノ王も刑務所の中での生活はつらかったにちがいない」

だが香港人に日本書物という文化を古本屋という形で提供し続けていく私の意志はまだまだ固いものがありました。このことから二十年が経過していますが、香港写楽堂はまだまだつづいています。香港人が引き継いで営業しているのです。

デポテーションオーダー（国外追放処分）の件は入管局の管轄であり、一ヶ月ほど待たされ審査の結果取り消されました。追放令は、裁判の結果を見て別の審査を受け、慎重に決められました。

日本に帰ってこられたのは四ヵ月後でした。松山の空気はおいしかった！

私は何をしたのか。

①香港発の日本書店（現地法人）古本屋をつくった。

②香港の人達に、日本雑誌・本を紹介し、日本文化を伝えていった。

この二つのことをなしとげたこと、だと思う。一九九九年のポルノ事件は私にとっては些細なことです。

しかし、日本人にとっては、外国でビジネスをする場合の危険性とそのリスク回避の仕方をも暗示しているのです。

⓫刑務所の味は蜜ではなかった

その時、判決理由の中で裁判官は皮肉まじりに次のように言ったのです。

「お前は一か月ほど刑務所の苦しみを味わった。決して蜜の味ではなかっただろう。」

この言葉にマスコミは飛びつきました。判決の後、廷外に出ると多くの記者がつめかけてきました。

刑務所の味はどうでしたか？

私は、こんな場であっても、ピエロになり切ってしまうのです。

「とんでもない、とても良いところだった。同房の香港人は私にたくさんの気遣いをしてくれ（タバコ・お菓子をくれたり、石けんの日用品をくれたり、話し相手になってくれたり）親切だった。」とのたまわってしまったのです。

カッコをつけたのです。この記事を書いたのが、South China Morning です。

これは、相手にガツンとなぐられても「だんなさま、反省しますが今後ともよろしく頼みます」というようなものです。私にも、強いものにおもねる奴隷的精神があるのか、開き直りなのかはわかりません。

けだしこの事件は、日本のポルノ王＝虚像によって懲役刑が確定してしまったこと——ポルノ王と

控訴審判決の後、店でサウスチャイナモーニング紙からのインタビューをうける。1998 年 3 月

Free again: Seiichi Okamoto was given a suspended sentence for selling obscene articles at his Causeway Bay store. He spent four weeks in jail.

Porn dealer wins appeal against jail sentence

By Angel Lau

JAPANESE merchant Seiichi Okamoto, 51, never thought life in a foreign jail could be so good — until he was imprisoned in Hong Kong for selling obscene articles.

A trader in second-hand goods since 1978, Okamoto expanded his $21.9 million business to Hong Kong in 1995 with a bookshop in Causeway Bay. Police raided the shop on 6 January and seized over 1,300 items including magazines and videotapes.

Magistrate Paul Kelly jailed Okamoto, who flew from Japan to admit the offence, for four months on 21 January.

He was later granted bail pending yesterday's appeal in which he won a suspended sentence from the Court of First Instance.

"You've now served a sentence of four weeks' imprisonment, so you have (had) a taste of life in prison," said Justice Michael Wong Kin-chow in allowing the appeal.

What Mr Justice Wong may not have known was that Okamoto's taste of prison life was far from bad.

Fellow inmates knew Okamoto from newspaper reports on the case.

"You give me pornography" turned out to be their most frequent request from Okamoto.

He also found many people helping him at the Tung Tau Correctional Institution in Stanley.

A smoker, with no relatives in Hong Kong, he was secretly given cigarettes by inmates.

However, jailed illegal immigrants from the mainland wanted a different kind of favour from Okamoto. "They were heading for Japan when they were intercepted in Hong Kong ... they asked me to help them to get into Japan," he said.

But his biggest surprise was learning that he had violated Hong Kong's law.

"Many Japanese people misunderstand the standards in Hong Kong ... that can be very dangerous," Okamoto said.

The businessman hoped his experience would send a warning to fellow Japanese investors in Hong Kong.

A14 港聞五

辯稱促進文化交流 誤解尺度
日商賣淫褻品上訴獲緩刑

こちらの新聞では、執行猶予の緩刑であった理由として視点が異なっている。香港裁判官が「すでに４週間の囚人生活を送っているから」「お前はもう懲りているだろうから」に重きを置いている。

日商坐監四周甘之如飴
販賣色情雜誌遭警拘留

上訴得直判囚改緩刑

叫記者也到監倉一坐

香港には 10 社以上の新聞社がある。判決後のインタビューで私が刑務所の生活はどうであったのかと聞かれて「楽しかった」と応えたのに反応したもの。飴の如しであったとはうまい表現

Deacons Graham & James

的近律師行

BY FAX (2577 9412) & BY POST

Our Ref : CDC:PK:dl:1012345
Direct Tel : 2738 1414
(Please ask for Mr. Kwan)

30 March, 1998

Mr. Seiichi Okamoto,
2nd Floor,
Fortune Centre,
44-45 Yung Pin Road,
Causeway Bay,
Hong Kong.

Dear Mr. Okamoto,

Magistracy Appeal No.125 of 1998

I am pleased to note that the sentencing imposed by the Magistrate Paul Kelly, Esq. was changed to a suspended one on last Friday.

I write to enclose a copy of my letter to the Immigration Department for your attention. I am waiting for a positive confirmation from the Immigration Department that they will withdraw their consideration for issuing a Deportation Order against you. I have also informed Ms. Abie Lai to contact you to arrange for renewal/extension of your working visa.

If you have any queries, please let me know.

Yours sincerely,

Paul Kwan

Encl.

判決後、出されていた入管局からの追放命令取り消し申請の必要があった。ワーキングピザは４月中旬に手にした。この間、香港からは一歩も出ることができなかった。

いわれたことの根拠には日本のエロ雑誌・ビデオの押収量が段ボール二十箱位と多かったことによります――このことを裁判の上でくつがえすことがいかに大変なことであったかを物語っています。

このポルノ王に対する刑は一種の見せしめ、香港に蔓延するポルノ雑誌販売のデタント（抑止力）を狙ったものでしょう。判決文の中ではっきりとそう言っていました。

外国では、ポルノ・ドラッグ・ピストルには気を付けて！

外国で事業をつづけていく場合、どうしても判然としない部分があります。成文法のみではその国の文化や習慣を理解することは難しいことです。

ポルノ法については、ワイセツであるという概念はきちんとした線引きがしにくい点があります。外国人である私が香港のワイセツ基準を理解するのはむずかしいのです。

しかし、妙案があります。現地法人の社員との間で、企業活動への法的規制に対処するという確約書＝契約書を交わしておくことです。こうしておけば、この事件はおきなかったと言えます。現地の店長がその責任を負うことになるのです。

外国で事業展開する場合、コンプライアンス（法令遵守）については十分気を付けた方がよいと思います。日本とずいぶん違う面があるからです。専門的な海外のコンサルタント会社と契約をしておくのも一策ですが、完全ではありません。

また、罰則の軽重も違う場合があります。脱税に関しても、日本では税務署の指摘をうけてからの修正申告でことがすむ場合が多いのですが、外国ではそういくとは限りません。

とにかく、ポルノとドラッグとピストルは、魅力のあるものには違いないのですが注意すべきです。死刑！だってありうるのですから。

しかし、ときはすでに遅し！　あゝ無情

第15章 香港の飲茶とナイトスポット

1 到着した日に会社法人がつくれる

香港にかれこれ四十～五十回は行きました。

二～三か月に一週間ほどの滞在です。二～三年を経てから香港ＩＤカードも取得しました。関西空港からキャセイパシフィックに乗っていくのですが、隣の席にはいろんな旅行者がいます。

ある時名古屋のヤー公と乗り合わせて、ついつい香港の空港でお世話をする羽目になってしまいました。マカオのバクチでお金がスッカラカンになって日本に帰る金もなくなったというのです。

安いドミトリーを紹介したのですが、仕方がないのでお金を貸す羽目になりました。

彼はその後、もう一度、香港に来ました。これからベトナムに行って「女の子」をひっかけて結婚するというのです。

写楽堂香港の女性スタッフがベトナムのビザを世話したのですが、困った問題も起きてきました。そのお礼だと言って買ってくるのが、香港人にも見向きされない粗品なのです。私までも恥ずかしくなりました。

香港はアジアのなかでも発展している国だという認識がないのです。

ある大阪のオッさんはたくましかった。香港に何しに来たのですかと問うと「電動バイク」の買い付けと言います。二百〜三百万円の金を持って、香港貿易発展局に行き、相手パートナーを探し商談をするというのです。

後は大阪でコンテナの到着を待って、直ちに各バイク屋に卸していくのだそうです。そう、香港は大阪の街と同じく雑居・雑然、何でもありでよく似ています。

香港人はよく働き、よくしゃべり、よくバクチをする人たちです。週末になるとカジノのあるマカオ行きのフェリー（上環）乗り場は混み合います。


さて、写楽堂香港店は銅鑼湾、英語読みでCauseway Bay、ＭＴＲ駅のＣ１出口から出て二〜三分のところにあります。ちょっと坂道を二〜三分登ったところの恩平中心です。

一九九四年頃は、同じビルの中に日本語学教室（恩平中心）や幼稚園、アクセサリーショップ、ファッション衣服店が入っていました。

銅鑼湾には三越、ＳＯＧＯ、松坂屋などが古くからあり、香港人にとってははじめてのデパートということで幼き頃の思い出いっぱいのなつかしいところでもあります。

ＭＴＲ（香港の地下鉄）が通っており、利園商場、時代広場（タイムズスクエア）があり、深夜まで人出が多いところです。近くにはヴィクトリア公園もあります。

さて、私が借りたビルは、フィリピン華僑のMr.Johnがオーナーです。この人は私に良くしてくれました。

賃貸借契約を結ぶと、政庁に届出しなければいけません。

「明日ソリシターのところに行く」というので、ソリシターって何ですかと聞くと「英国英語だから日本人の君にはわからんだろうが、アメリカ英語のLawyer（弁護士）なのだ」と教えてくれました。

また、法人登記の際にもアカウンターの事務所に連れて行ってくれて、登録済みの一覧表から一つを選べばよい。会社名・投資額は後から変更すればよいとのこと。Mr.Johnのおかげで、安く会社をつくることもできました。写楽堂有限公司はかくして二十万円くらいでできました。

このエリアには日本人学校もあって、日本人の中学生がよく来てくれました。

友人二、三人か、または父母のいずれかがついていました。

治安は良いのですが、外地です。

銅鑼湾MTRの交差点は、東京の渋谷スクランブル並みの混雑です。

一度トラム（英国式の二階建バス）に乗ろうとしたとき、おかしいと感じた瞬間大声を上げたところ、財布がすられそうになっていました。未遂に終わり、財布は足元に落とされていました。

スリの一団がいるみたいで、交差点のスピーカーで、三か国語で警告を発しています。

私は夜、閉店した後、毎日銅鑼湾から中環に向けて散歩しました。健康上の理由です。

銅鑼湾から上環に向けては、ビルの二〜三階にずっと回廊がつづいていて雨に濡れることはありません。中環の山手際には高級マンションに続いているエレベーター（動く歩道）があります。

巨大なビジネス街は夜になれば静まり、人はまばらです。

❷ 香港の夜は　その1

上環には蘭桂坊という飲み屋街があります。夜ともなるとにぎわっています。

坂道に沿って日本食のレストランもあります。

欧米向けのBarが数多く連なっており、山肌にくっついていて風情があります。

ある時、松山から一人の女性が私をたずねてきたことがあります。素性を明かすことができませんが、Barの中に入っても物怖じすることなく大勢の客の前で歌いました。

私はというと、シンガポールのビジネスマンとよろしく雑談をしましたが、正直言って英語のレベルが高くてほとんどわかりません。相手も私のレベルが低いのがわかっています。日本人は英語力がないというのは、アジアでは共通の認識です。

このようなときは、わかったふりをして、適当に受け答えして、質問を連発すればいいのです。そして自分の得意分野を喋ればそのうちに相手の言わんとすることはなんとなくわかってきます。

しかし、これは遊びにおいて、です。何となくわかるというのは全然わかっていないということです。ビジネスではアウトです。

皆さん！　きちんと意思疎通確認をしビジネスをしようとするなら、日本国内で、英語は勉強するべきであります。

❸香港の夜は　その2

湾仔にも夜のお店が密集しています。ヘネシー道路とグロセスター道路に挟まれたブロックです。怪しいお店もありますが、だんだんと数が少なくなっていてそのあとに欧米人を相手にしたお店ができています。

この地区は、日本軍がかつて占領支配していたところです。日本兵の歓楽街であったという記録があります。

夜ともなれば、フィリピン人のメイドさんが集まってきます。ディスコも三つほどありました。経営者は香港人です。フィリピン人のメイドさんにはうっ積されたものがあります。何時間でも踊っています。

彼らが最も警戒するのは、イスラム—アラブ系です。入口でチャージを前もって払うわけですが、日本人、フィリピン人、欧米系からはとりません。

湾仔には、よくイギリスやアメリカの軍艦が停泊していました。軍艦が入港した時には若い米兵で通りまであふれます。街頭ではたくましい筋骨隆々のＭＰがパトロールをしています。

そんな時、トラブルは発生します。私はディスコで踊るほどの元気はないので、カウンターでビールを飲んでいると、トイレの横の隠し戸にあるビールを盗んで飲んでいた二〜三人のグループがいました。それを見つけたカウンターの内にいた従業員は、すぐさま棒を持って振り上げめった打ちです。彼らはあっという間に店の外に飛び出していきました。すぐさまMPの登場です。

またある時、私がビールを飲んでいると、すぐ隣の男二人が殴り合いとなりました。私も後ろに引いたのですが、お客が混み合っていて余地がありません。とりあえず殴り合いをしている男のけつを右手で押し返す事しかできません。もう一方の左手は自分のビールをこぼさないようにしていました。

やがてバトルは終りました。何事もなかったかのようにまた元にかえります。奥の方のディスコは、ケンカの最中であってもそこには別の時間が流れていました。

見知らぬ男にはうかつに声をかけてはいけません。ましてその男が女性を連れていた場合には、絶対その女性には声をかけないことです。危険です。

香港にいる在留邦人は、湾仔には来ません。どこへ行くかというと、銅鑼湾のカラオケバーです。日本のそれと全く同じです。

フィリピン人のホステスがそばに座って、カラオケを歌わせて「うまいですね」の連発です。

香港といえばマフィアと麻薬ですが、一九九七年の返還を節目として、麻薬の中毒者は街道から消えてしまいました。かつては湾仔の高架下にも横たわっていましたが、今は生活困窮者の老人が少しいるだけです。ボランタリーのメンバーが相談と食料を支援していました。

4 香港観光の変容

私が最初に香港に行ったのは三十年位前です。三〜四泊四日の観光ツアーです。印象に残っているのは蛋民（水上生活者）と九龍城です。日本の満州国統治については多くの研究書が出ていますが、日本軍支配（一九四一-四五）についての本は少ないです。

九龍城砦は、かつて悪の巣窟などと呼ばれ、スラム街として有名でした。もっとも密度の高いスラム街として無法地帯となっていました。中に入れば生きては帰れないなどとも言われていました。

どうもこれは、香港側からするといささか誇張されたものでした。観光客の怖いもの見たさを刺激した作為的なものであったと思われます。

確かに違法建築で次から次への継ぎ足し改築がなされ、昼間は陽の当たらない暗いイメージではありました。無法地帯などというと誰しも興味がそそられ、マフィアの巣窟を想像します。なぜか歯科（香港では牙科と書く）の看板だらけの九龍城でありました。

香港は移民で成り立っている国＝特別区です。過去には日本軍がきて軍票を発行しすぎたためにインフレとなりました。そしてイギリス連邦からの経済封鎖となりました。イギリスの統治下で発展し人口が増えていましたが、主に中国本土に逃亡する人達も多く、その結果香港の人口は減少していきました。日本統治の完全な失敗でした。

また、一九四八年の中華人民共和国成立の前後には多くの大陸人が香港に移住してきました。

今は香港人であるインド・パキスタンの人達は、自分たちは「一ドル」だけ持たされ「Kick off」されたといいます。

今香港観光の目玉は、夜景、グルメ、ホテルとなっています。九龍半島側のプロムナードは素晴らしい夜景です。

ここで私が注目するのは、チベット人僧とインド人です。公園とか、九龍島側のプロムナードにはたくさんいます。

一時期、法輪功なども中国内地での弾圧・虐殺を香港で訴えていました。天安門事件の真相究明もよく街頭で見かけました。

中国政府は、国内でのあらゆる宗教を邪教として排斥してきました。

香港のお隣の深圳に行くと、あらゆるところに中国政府の大きなプロパガンダの立て看が見られました。

5 香港での飲茶は市民の憩い・交流の場

香港に欠かせないものが飲茶文化です。

大きな広い大会堂は、香港人たちが昼食によく利用しています。おばあちゃんや若い孫を連れて十人近くでやってくる人もいます。さすがに儒教・道教の国です。年寄りを大事にする文化、子孫繁栄の大家族主義です。

ランチタイムも少し時間をずらすと安くなります。確か二時〜四時頃には半値になるのです。

夕方からは、観光客の時間となるのでメニューも豪華となり、精一杯見栄を張るのです。

注文は紙のメニュー表にチェックを入れればこと足りるし、ワゴンに乗ったものから見て選ぶこともできます。

日本人には昼間は凄く騒がしく思われるが、これは広東語のアクセント、発音が強いせいです。

香港観光は、ガイドさんの副収入でもあるから、つながりのある場末の安いところに連れていかれる場合があります。まあ致し方のない点です。

飲茶のなかで日本人が苦手なのが、チキンの足です。

もっとも、足の部分でも地面につく糞のついてるところは、ちゃんと取り除いてあるのでご安心を。

ところがどうしても軟骨のグリグリ、グニュッとしている部分は小生も食べたくありませんでした。

日本では鶏料理は料理人が骨と皮を取り除いた鶏肉を出して料理します。この作業は料理人の仕事となります。ところが香港の場合は、お客、食事をする人の仕事負担となります。ですから、香港ではテーブルの上が骨だらけとなるのです。

若い子に聞くと、骨と肉のあいだにあるゼラチン状のものが一番美味しいのに、どうしてこれを食べないのか、となるのです。

日式のスーパーでは鶏肉は骨をとり除いたものを冷蔵して売っていますがあまり人気はありません。香港のバザー（ストリートの出店）では鶏は生きたまま売られていて、よい鶏か、健康そうな鶏か、どんな種類なのかを見定めてから買うのです。その場でしめころして血抜きし、二～三分待てばビニール袋の中に入れて渡されます。

過密な集合住宅に帰って料理し、三〇分以内には胃袋の中に入ってます。

新鮮な肉ほどうまいといいます。

こうしたストリートの売り場はいたるところにあり、香港人の文化となっています

男人街とか女人街というものもありますが、これは人間を売っているわけではありません。男もの、女物という日常品が主としてあって、男女の衛生道具、薬なども売られています。

玉・珍石、ビーズなどの市場もあって、九龍島側ではずっと出店のビニール布で仕切られたブースが続いています。

香港もまた、旧いものを一挙になくすわけにはいかないのです。

第4部

第16章 松山の古本屋はどうなっているんだ

1 古本屋の心意気とは

「ホームページを拝見し、店主の方の心意気が伝わってきました」というメールが来ました。二〇二一年十二月二十七日、一言うれしい。

こうしたあたたかい好意をよせてくれた人はどんな人でしょうか。松山市内の店舗をすべて撤退した写楽堂は、どんなに希望があろうとも、実際は意気消沈していたのです。

それでもまだまだ希望はあります。

店に残っていた在庫の本があります。坊ちゃん書房や城北雑誌さんは気持よく在庫の本を譲ってくれました。同業者の方にもお礼と感謝を表明したいと思います。

ネット販売を始めてからも、写楽堂をおぼえてくれていた松山の知識人＝本読みの人々が協力をしてくれました。

苦労して集めていた蔵書を気持良く売ってくれました。

写楽堂の資産は、これらの人々からの信頼・信用があってのことです。

そしてもう一つ欠かせないものがあります。

それは本に対する知識研鑽に励んでいく古本屋の努力です。

ありがとう。

2 芋地蔵巡礼——イモがなかったら

「芋地蔵巡礼」木村三千人　国書刊行会

教科書では昆陽が江戸の小石川でサツマイモを試作したことになっています。

下見吉十郎はそれよりも二十三年前に、サツマイモを瀬戸内の島々、大三島に伝えていました。それらの島に「芋地蔵」がたくさん残っています。

作者は十年間にわたってこれらの島を調査し、記録を一冊の本にまとめ上げました。

私自身山村で育ったので、サツマイモにはずいぶんお世話になりました。もし諸がなかったら、山村には人が住みつかなかったのではないかとさえ思います。四国の山村に人が住み始めたのは、諸が広く普及してからのことではないでしょうか。

私は、四国山村のはじまり、人々のルーツは、これらイモ栽培が盛んになり、その結果人口が増加し移り住んでいったことに起因すると考えます。

明治期の産業、炭坑―銅生産は、食料の安定的確保があったからこそ、農村部に住んでいた人々、とくに次男三男が労働力になり、都市の発展を支えてきたと思うのです。イモの果たした割合は大きい。山村でイモを食って育った人々が住友銅山や三池炭鉱で地中にもぐり採掘をしたのです。

私のイメージでは三百年にわたる都市と農村の相互作用が一つのドラマとなります。

私事ではありますが、生家の屋号は野地（のじ）であり、由来はわかりません。

書物（『日本民俗文化体系』）によれば、

①同じ地名が広島県尾道の近くの漁村にある。

②これらの人々が何らかの理由で、瀬戸内の各地に移り住んでいった。飢餓によるというよりは、イモや農業技術の発展で増産―人口増加―流失となっていった。マルサス（イギリスの経済学者）の人口論です。

私は野地衆の一族であろうか。

イモ ― キキン ― 移住が起こったのではないか。イモは山間部でもつくれる。米に比べて税逃れがしやすい。

そして、ここ五十年余りは、これら山農村で育った私達の、九十％以上の人たちが都市部に流入し、住んでいるのです。

十八世紀、農漁村から山農村へ、そして十九世紀に再び都市へ回帰したのではないかと考えます。

◎「おきち」の由来は？

さて、私の疑問ですが、農家ではサツマイモを薄く切ってお湯を通したものを、藁ひもで良くつるしていました。あめ色になって、粉がふいたりして、糖分がよくのっていました。冬期に食していたこれを「おきち（干しイモ）」と言っていたのです。これはもしかしたら、大三島の下見吉十郎の吉が由来ではないでしょうか？知っている方がいたらご意見をお寄せください。

＝＝＝＝＝＝

この本を読んだ人には、更に次の本をおすすめします。
『茶の世界史』　角山栄　中公新書
『砂糖の世界史』　川北稔　岩波ジュニア新書
『お茶の来た道』　守屋毅　ＮＨＫブックス
『コーヒーが廻り世界史が廻る』　臼井隆一郎　中公新書

3 巌窟王《がんくつおう》の教えで執念深さを

古本屋をやって楽しいことは、いろいろな本を手にすることです。
よく売れた本、よく読まれた本の中には、それなりに使用歴があり、劣化がはげしく、売るのには値段がつかない本もあります。

子供本＝児童書は安い。子供本は、読みやすく楽しい。今まで読めなかった名作本を子供本で読むのはどうでしょうか。

ゼニもヒマもなかったばかりでなく、その本のおもしろさや価値に気がつかなかったからでしょう。私は今そんな子供本を読んでいます。

この物語は、ダンテスという若い船員が、身に覚えのない罪で十四年間地下牢につながれた後、監獄島から抜け出し、モンテ・クリスト伯となって悪事をなした人々への復讐をするものです。社会にどんな不正不義があろうとも、辛抱強く待って、望みを失わなければ正義が行われるという内容です。

一八八七年　『西洋復讐奇譚』　関直彦 訳

一九〇五年　『巌窟王』　黒岩涙香 訳

現代の岩波文庫では『モンテ・クリスト伯』となっています。

「まて、そして望みをもて」というのが終りの言葉となっています。

このほかに私が最近読んだ本は、『あゝ無情（ビクトル・ユーゴー――）』です。

これは、世界中で今も読み続けられ、アメリカのミュージカルは大ヒットでした。

私のイメージはウクライナ⇓香港⇓ベラルーシ⇓ミャンマーへとつながります。

イメージの詳細を知りたい人は、私に直接お聞きください。

この本は十九世紀フランスの帝政と共和政の二派にわかれて闘った歴史がでてくる広大なスケールの本です。

レ・ミゼラブルとは、悲惨な人々・哀れな人々という意味だそうです。私が香港にいた一九九四年当時、香港一のにぎやかなコーズウェイにタイムズスクエアがあります。

そこでとてつもない大きな看板で、映画版のスチールが長い間ディスプレイされていました。アメリカのブロードウェイのミュージカルは何年間も上演されていたと思います。

マルクスやレーニンの本よりは、ずっとレ・ミゼラブルのほうが世界中で楽しまれているのではないでしょうか。日本のミュージカル劇場公演は二千回に達したそうです。

二〇一九年八月十四日、香港民主化運動では、空港ロビーで「民衆の歌」として歌われています。

「戦え、それが自由への道」です。

「明日が来たとき、そうさ明日が、列に入れよ我らの味方に、砦の向こうに世界がある。闘えそれが自由への道、戦う者の歌が聴こえるか」

革命はウクライナのマンダン革命――香港――ベラルーシ――ミャンマーへとつながり、今一度ウクライナに回って戻ってきました。

昔と違って、今日では情報がすぐに発信され、人々がネットによって瞬時につながっています。

そんな中にあって、個人が情報を正確につかみ、考えていくためには、過去を知ること、すなわち本を読むことを通じて歴史を理解することが大切だと思うのです。

4 写楽堂のふしぎ――あけるしめるを十六回

松山の古本屋の中で私ほど「あける・しめる」をしたものはないと思います。

店を開けてはほどなく閉めて移動していきました。

その数は、二十数店舗を約二十五年にわたってくりひろげたのです。

砂漠の中で暮らすベトウィン族のように移動をくり返していったのです。そのための仕事量は多い。残った本で売れる可能性のあるものは、次の店へ持っていかなければいけません。本箱を外して運ぶのは大変です。

考えただけでもいやになる。いやになるが、覚悟を決めて運搬をしてきました。値打ちのある本はなかなか売れるものではありません。かといって、安く売ってしまうのもいや、となります。

松山という田舎町では大学が少ないし、研究者も少ない。したがってなかなか売れない本は残ってしまう。残った本は捨てるのもしのびない。まして、資料的なもの、古書はおいそれとは売れない。

写楽堂の倉庫は乱雑極まりないものでした。

写楽堂は流浪する古本屋と言って良いと思います。

その理由は何だろうか?

立地のいいテナントは、それだけに毎月の家賃が高い。

郊外のほうが安い。ロードサイドにあって駐車場があるところは家賃が高い。

その中間、高いと安いの間におちつくが、最初のうちは良いが、そのうちライバル店が近くにできてアウトとなるのです。競合がおきてくるだけでなく、商品のカテゴリーキラーがあらわれて売り上げがとられてしまうのです。

ゲームソフトのカメレオンさんなどがそうでした。

かくして写楽堂はさすらう。

そこに居れなくしてしまった爆撃の一番の張本人はフランチャイズのブックオフでした。

この同業者のブックオフとの競合とカメレオンさんによって、トドメを刺されました。

福音寺店、天山店、駅前店、千舟店、清水店、山越店、東長戸店、平田店、逐次撤退しなければなりませんでした。

だけど敗れた気持にはならなかったのです。したがって残念な気持ちも起きてはきませんでした。

なぜか。それは私が目指していた「明るい古本屋」はブックオフによって引き継がれているからです。

この点では私の方が先覚者、パイオニアであったと自負しています。

新しい担い手があらわれてきたのは、むしろ社会全体から見れば良いことです。もうブックオフさんに、古本屋の社会的、商業的使命はまかせておけばいい。

長らく頑張った、写楽堂さん！　ごくろうさまと自らに言おう。

時代はめぐるにめぐっている。新しいものも古いものもです。最近のツタヤがそうではないでしょうか。もはや一回一回店舗に行って、ＣＤ・ＤＶＤを借りて、また返さなければいけないシステムは古いものとなりつつあります。携帯やテレビから直接レンタルできる時代となりました。アナログ商品を買って保管するのは、そこで使う什器だけでも大きな場所を占めます。

それが携帯一台さえあれば、音楽が聴け、ニュースが見られ、映画が見られる時代になっています。生活がシンプルとなっています。あとは衣服、ベッド、食事だけが残っているのです。

食事も私がまんが喫茶をやっている時（約二十年前）は、地元のコーヒーメーカー卸業者が冷凍食品をよく売りにきました。しかし味の点でイマイチのところがあって、できるだけ素材から手をかけてオリジナルをつくってきました。ランチ、ハンバーグ、カレーはオリジナルを作るのだからそれだけ人件費がかかってきます。原材料を仕入れてくるのも手間がかかります。体が疲れてしまうほど働いても働いてもわずかの利益しか出てこないことを七年間やりました。

しかし今コンビニ、スーパーを覗いてもほとんどが袋入りの冷凍食品だらけです。二十年前はレストランで使っていたこれらの冷凍食品が家庭の中に進出し、あふれています。

若い人たちの生活様式は大きく変わってきています。室内にはベッドと服しかない。テレビやレコード、本を見たければ、ネットで見る。もしくは実物は博物館に行くしかない。部屋から外に遊びに行くのもスポーツ観戦、あとはグルメ。友人も要らない。ショッピングはネットで行うから、松山の繁華街の大街道や銀天街にも行かない。

あ〜こんな社会に少しずつなっているのだから、古本屋がやれるわけはない。

5 坊ちゃん書房をたたえる

閉店を惜しむ!

本というモノを売っているが、じつは知性・文化・エンタメを売っているのです。五十年余にわたって尽力されてきた坊ちゃん書房を思います。銀天街の真ん中にドーンと構え、良本善本をよく揃えていました。とりわけ郷土史・俳句関係の本は専門とするところでありました。多くの学生や研究者が利用し、楽しんできたお店です。

松山市全体から見れば、街の古本屋さんは場所こそ違え一つのかたまりです。みな坊ちゃん書房をうらやましくも思い、あこがれでした。

坊ちゃん書房の残ったそれらの本は、写楽堂にゆずっていただきました。

坊ちゃん書房の業績をたたえます。

一九七九年松山市立子規記念博物館の創立に大いなる貴重な本や資料の寄贈をしています。

古本屋として社会に貢献されたことに敬意を払います。

また、坊ちゃん書房での本の売買で多くの人達が利益・メリットを受けたことは言うまでもありません。

また、松大生・愛大生の間で評価の高かった城北雑誌の貢献も讃えます。

第17章 事件後の写楽はどこへいくか？

1 まんが喫茶「シャーロック」の開店

××年、香港ポルノ事件は四ヶ月かけて解決し、私は松山に帰ってきました。

一九九八年秋、まんが喫茶が全国的にブームとなりつつある時です。まんが喫茶は私が松山で初でした。

この時、松山地裁で建物・土地とも広い競売物件（平田町）がありました、。それを入札で運よく手に入れることができました。

開店までの準備は、食品卸問屋のニッカコーヒーさんがいろいろと手伝ってくださいました。

別会社まんが喫茶シャーロック㈱を立ち上げました。その開店から閉店までの七年間をかいつまんで述べたいと思います。

まんが本の在庫数も三万冊余、リクライニングシート、テーブル、いす、パソコン、厨房器具と一千万円位はかかりました。

六〜七年はうまくいきましたが、じわじわと売上げが落ちてきました。

この時に私はミスを犯してしまいました。大街道店、松前店とつづけてオープンをしたことです。この二店舗では、二千万円ほど失ったと思います。全くの失敗です。結局七年目にして、閉店やむなきにいたりました。


私が取得した平田町の土地には、元は食器・贈答品のお店がありました。レイアウトが素晴らしく、ここならいけるとふみました。

駐車場も四十台分ほどあります。テーブル、いす、リクライニングシート、パソコン数台を入れました。一番金がかかったのは厨房機器でした。ガス、洗浄機、冷蔵・冷凍庫です。これらで約一千万円の初期投資が要ります。オペレーションのコストを下げるために、フリードリンク制にしました。読書時間（入店・出店時）によって一時間百円の加算ですが、これをレジでやるのは大変です。単品の値段と時間制によるそれを加算する会計処理のソフト機器をリースしました。

次は、料理メニューの作製とその準備です。この点は開店準備を手伝ってくれた女性がメニューについていろいろと提案してくれて大助かりでした。

朝食・ランチを作り、売り一番のメニュー、これは手作りハンバーグ、カレーライス、鶏のから揚げ、スパゲティーに決め、プロの料理人から指導を受けました。一口カツも大好評でした。

私は七年間もやった実績からして、もう一つの肩書、シェフ岡本でもあったわけです。

香港グルメの経験を活かしたカレーライスは香港風、アジア風、日本風となりました。良く売れました。

一回に百人前の大きな寸胴（アルミ製）に材料を入れて仕込んでいくのはしんどさよりも楽しさが上回っていました。タマネギを炒める、カレー粉を溶かし込む、ひみつの××をぶち込む、味を調える、三時間かかります・大きな寸胴を冷蔵庫で二日眠らせて完熟させます。一回の仕込みで八十杯分のカレールーをつくります。

平成6年9月19日号　第915号　（第3種郵便物認可）　週刊　愛媛経済レポート

松前町にロードサイドの2棟形式
写楽堂、西日本最大の古書店出店へ

県内最大手の古書専門店チェーン、㈲写楽堂古書店（山越一ー八ー三九、資本金一千万円、岡本勢一社長）は総事業費二億円を投じ、伊予郡松前町の国道56号線沿いに古書店としては西日本最大で全国でも有数の売場を持つ新店舗を出店する。

同社は昭和五十六年創業。古書を主体に中古のCDやセルビデオ、ファミコンソフトを加えた商品構成で展開。松山市内五カ所に七店を直営で出店していて、五年十月期は売上三億八千万円を計上。

同社によると、松山市内で古書を扱う店舗は同社を含め現在二十二店を数える。だが、「価格指向が強まるなかで需要が高まり出店は今後増える。新刊と古書の差が縮まる時代になって来た」（同社長）とみていて、市場拡大を見越し本格的なロードサイド型店舗を出店することにした。

出店場所は伊予郡松前町東古泉五七〇ー一同五七四ほか（地図参照）。総用地面積は約一千六百六十平方㍍で、そのうち北側一千平方㍍の用地に平屋建て三百平方㍍の古書棟を建設、南隣りの用地六百六十平方㍍に同規模のCD・ビデオ棟を構える二棟建て。売場面積は二棟合わせ約五百三十平方㍍で、両棟間を通路を備えたフェンスで仕切る方針。全体の駐車場収容は二十台。このほど開発許可を得て造成に着手、建築確認後の十一月に着工、来年一月二日のオープンを予定している。

古書棟では専門書を扱わず、娯楽物を主体に十万冊の蔵書を想定、CDは常時四、五千枚を扱いたい考え。両棟ともに販売と買い取りを行なう。営業時間は昼十二時～深夜零時。初年度売上一億円をめざす。

同業界では、CD等を含めた売場規模で東京に五百～六百平方㍍の店舗が数店あるのが最大級で、同社の新店舗はそれに比肩、西日本では最大となる。同社長は「限りなく新刊に近いものを売り買いしたい。時代に応じた商売をやる」としている。

ユームカ

それは同地区に出揃いつつある大型店による競合本格化の幕開けでもある。

限りなく新刊に近い古書
“脱”古い商慣習の写楽堂

「本もプライスコンシャスネスの傾向が強くなっている。新刊と古書の差が縮まる時代だ。旧来の骨董屋的な店作り、経営ではなく、企業として時代に応じた商売をやって行く」と話すのは、写楽堂古書店（松山）社長の岡本勢一さん。

同社は来年一月二日の開店をめざし、伊予郡松前町の国道56号線沿いに全国最大級の古書専門店を出店する。一部土地代を含めた事業費は二億円。同業界にとっては異例の大型投資でもある。

同社は古書を主体に、ファミコンやCD、ビデオも扱う。店内には若者向けのBGMが流れカラフル。営業時間も深夜十二時までとコンビニ感覚。同業界の古い商慣習にとらわれない手法だ。

「古書店とは売るだけでなく、客から買うというプロセスも大事。いい店は客に作って貰うという側面も強い。新店舗では限りなく新刊に近いものを売り買いしたい」と岡本さん。再販制を巡る論議も高まるなか郊外のブックセンターと勝負できる店が生まれそうだ。

週刊　愛媛経済レポート 1994 年 9 月
この前後が写楽堂のもっとも元気な頃であった。

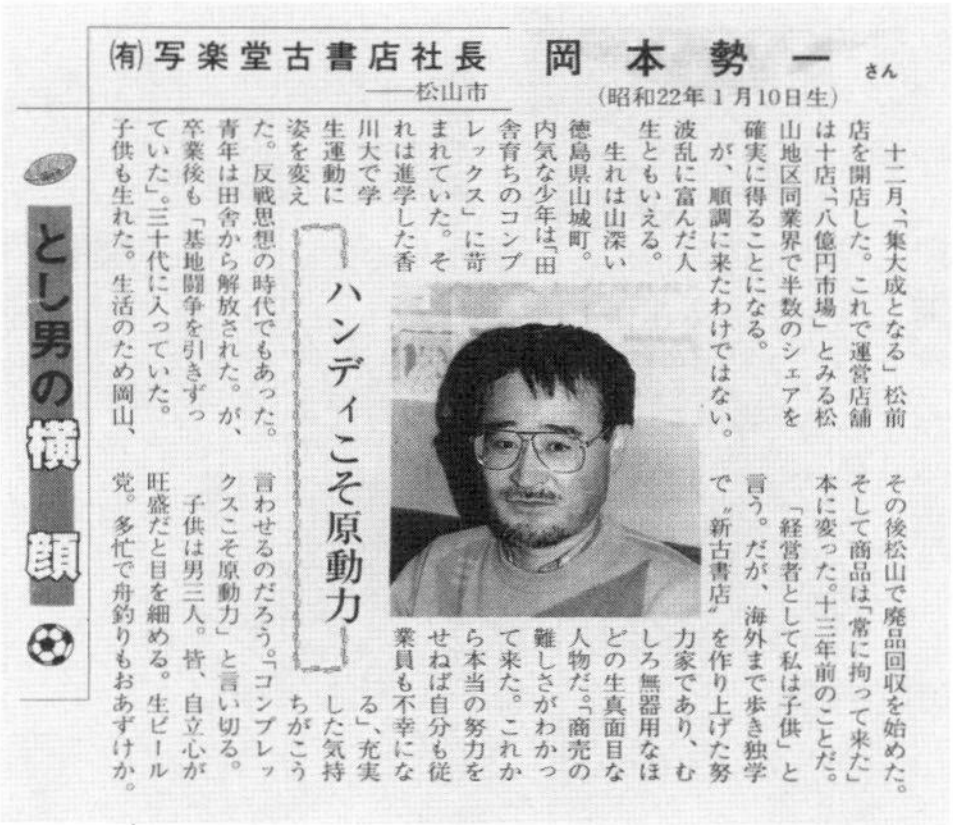
とし男の横顔

㈲写楽堂古書店社長　岡本勢一さん
——松山市
（昭和22年1月10日生）

ハンディこそ原動力

十二月、「集大成となる」松前店を開店した。これで運営店舗は十店、「八億円市場」とみる松山地区同業界で半数のシェアを確実に得ることになる。

が、順調に来たわけではない。波乱に富んだ人生ともいえる。

生れは山深い徳島県山城町。内気な少年は「田舎育ちのコンプレックス」に苛まれていた。それは進学した香川大で学生運動に姿を変えた。反戦思想の時代でもあった。青年は田舎から解放された。が、卒業後も「基地闘争を引きずっていた」。三十代に入っていた。子供も生れた。生活のため岡山、その後松山で廃品回収を始めた。そして商品は「常に拘って来た」本に変った。十三年前のことだ。

「経営者として私は子供」と言う。だが、海外まで歩き独学で“新古書店”を作り上げた努力家であり、むしろ無器用なほどの生真面目な人物だ。「商売の難しさがわかって来た。これから本当の努力をせねば自分も従業員も不幸になる」、充実した気持ちがこう言わせるのだろう。「コンプレックスこそ原動力」と言い切る。

子供は男三人。皆、自立心が旺盛だと目を細める。生ビール党。多忙で舟釣りもおあずけか。

週刊　愛媛経済レポートに「とし男」として
紹介された記事　1995 年頃

写楽堂山越店

店内も 150 坪、駐車場 30 台もあってドル箱的存在であった。

まんが喫茶（下）

リクライニングシートもあってお昼寝ができるところでもあった。

まんが喫茶シャーロックの外観と店内の様子

本、コミックも一冊一冊をビニールカバーで保護する作業も手間がかかります。そのコミックを持って帰る客もいれば、それを写楽堂山越店に売りに来る猛者もいました。中にはくり返し無銭飲食をする者もいました。すっといなくなるのです。一度捕まえてもまた平気でやります。

七年目になって、財務上の問題が発生します。建物には減価償却がつきますからいいのですが、土地に相当する銀行ローンの支払いは、利益処分です。銀行ローンの毎月の支払いが八十万円だとすると、税金分五十万円が加算され百三十万円の利益を上げていかないと、会社は維持できません。この時二〇〇五年、写楽堂古書店はまだ三店舗、山越本店、城北店、松前店が残っており、これも撤退するような悪い業績でした。支払いが一番きつかったのはこのまんが喫茶ですから、これを売るなり貸すなりして処分することにまず着手しました。まさに四面楚歌にはまってしまいました。

私がこの平田町の物件を手放すことには二つの難関がありました。一つは銀行が同意するのかどうか、リースする会社が現れるかの二者択一です。銀行の同意は得られました。リースの申し込みは三社ほどありました。

まんが喫茶の事業は果たして成功したのか、失敗したのかと問われれば失敗ですと答えます。香港でのポルノ王事件での失地回復の意気込みだったのです。でもやらないよりはやったほうが良かったと言えます。アメリカ人が書いた本に『貧乏父さん、金持ち父さん』というよく日本でも売れた本があります。ここで言われていることは、商売人は自分で働いて身体や心が壊れるほど働くべきだということです。私もそうしてきました。でもそれではいずれ限界が来ます。もう一つの大事なことがあります。このベストセラーの本によれば、土地なり、株なり、教育に投資する必要があるということです。それについては私は半分は成功したという心境です。

2 六年余りで撤退す

事業に失敗した多くの人が味わうのは、自信喪失、目的が無くなること、いわゆる「うつ状態」です。まんが喫茶からの撤退は正にその通りです。

かくして私も飛べない鳥となってしまいました。何もできない、やる気のしない毎日でありました。二、三年はつづきました。

精神科に行ってカウンセリングを受けました。六十才を過ぎて人生に失敗した感覚はなかなか説明できるものではありません。新しい希望とまたふたたび人生に挑戦していく意志がない限り、いくらカウンセリングを受けてもどうしようもないことでありました。

一方では写楽堂三店舗を撤退していくことの作業もありました。撤退するのは難しい――損失をできるだけ少なくして事業から手を引くことは周囲に知らされずにやることです。そして、素早くリアル店舗をやっている三つの店舗を閉めることでありました。

この写楽堂撤退＝最後の店じまいは最低限の仕事としてやらなければなりませんでした。借テナントの明け渡し、備品の処分、在庫本の選別・処分です。これをやる元気さはまだ残っていました。祭りを準備するのは楽しいですが、祭りが終わってやがて日が暮れての後片付けはわびしいものです。売れるものは売って少しでもお金を残したいものです。

一年のうち一日も休むことなく働いてきました。だが希望というものが見つからないとどうしようもありません。体調も悪くなってきます。ふらふらしたり呼吸がしにくくなりました。

病院での健康診断、心臓のチェックも受けました。

養生のために近くの山へも登ったりしました。

ある時、うつ病の回復剤（病院からもらっていたもの）を飲み忘れたことがありました。それでも精神は同じです。これで薬を服用するのをやめました。

人間とは基本、うつ状態なのだと悟ったわけです。そして、ありのままに生きるという森田正馬の教えにふれて、まだできることがあるならそれをやろうという気持ちになりました。

うつはしばらく休んでいても回復するものでもあります。休息することが大事です。今の私はうつでもありますが、それを気にしない人間でもあります。

3 過去は記憶の中にだけ存在し、今はネット販売

もう一つ忘れてはならないのは、こうしたうつの私をよくサポートしてくれたのは家内です。病院にいつもアポイントメントをとってくれ、付き添ってくれました。

また、山登りやハイキングは自己と向き合い、健康を取り戻すのに役立ちました。

こうした私を否定することなく付き合ってくれた友人にも感謝します。

私のうつをMODIFY（修正）してくれたすべての人々にも。


写楽堂城北店が写楽堂最後の古本屋となりました。今からでも遅くないとしてネット通販に取り組むようになりました。

この時から十年、よく働きました。

朝は六時から夜の十八〜二十時まで働きました。城北店の四分の一位を仕切ってネット専用ストックとしました。やがてもっと大きな倉庫を借りて、全部手造りで本棚をつくりました。加工板と電気ドライバー、クギだけです。

パートで商品登録をしている人を雇って、手伝ってもらいました。思い切って、みかん倉庫（百二十坪）を借り中二階を造ってもらいました。私の生地徳島から応援に二人、三人と来てくれました。精神がうつでヨロヨロしながらでもやるんだという希望が生まれました。

そこから十年、ネット販売に未来があるのかと今自問しているところであります。

今は写楽堂事務所と倉庫Ⅰ・Ⅱで営業しています。

倉庫Ⅰが事務所となっていて、注文してきた本の配送場となっています。私は倉庫Ⅱでひたすらアマゾンの商品入力を行っています。

私には希望はありませんでしたが（＝ホームレス状態）、パイナップル（＝ネット販売）がありま

ネット販売のための倉庫２　社長 2022 年頃

した。パイナップルは人によって違ったものです。それが趣味であったり、読書、スポーツ・音楽 etc とマチマチです。

何か一生懸命になれるものがあれば、それをつづけていけば、うつから解放されると思います。

またうつを経験して気が付くこともできます。私がこうしてこの六ヶ月自伝らしきものを書く気になったのもうつのおかげだと言えます。

今まで視えていなかった景色が見えてくることもあります。自分という人間の内面性がより大きな視点・地平から見えはじめてきます。機動隊に火炎瓶を投げたことも、チリ紙交換・古本屋・まんが喫茶、そして香港で捕まったのは、あれは今の自分とは違います。日本や香港の刑務所にいた人間は死んだのです。今まで生きてきた過去はなくなり、新しく生まれた自分がただ存在しています。

あとがき

カナン（安住）の地を目指して放浪を続けてきました。苦難にも耐え通してきました。苦難の一つ一つにそれなりの知恵を発揮してくぐり抜けてきました。正義を求め、古本屋にたどり着きましたが安住の地ではありませんでした。いつも崖っぷちに立っていました。

労働者＝人間性の全面的な肯定とあらゆる抑圧や差別からの解放を常に希い、この思想をたよりとして生きてきました。

この個人史たるものは、闘い、チリ交、古本屋、香港ポルノ事件の４つのアクシデントとなっています。

もっと掘り下げて分析していく必要もありましたが及びませんでした。

ホームレス問題にもかかわってきました。

この点はささやかな支援とまなざしを持ち続けてきたに過ぎません。

愛は長続きはしないものです。愛はいつまでも感じることができません。
対極にあるものが自己保存であります。
政府やブルジョアジーは私達の持つ自由や繁栄をいつまでも守ってはくれません。
しかし、闘う人間には自由が来ます。貧しさからの脱出があります。
いくつもの困難に立ち向かっていく原点と突破力ができてきます。
この点においては少しの喜びと満足があります。
現実から逃走している者には自由な生は来ないと思います。
こうした過激な私に付き合ってくれた家族や友人に感謝します。
残る余生を古本業と社会運動に捧げたい。
最後にシャープ松山ＯＡのまいぷれ担当者の村上女史にお礼を言います。
原稿のチェック、校正に尽力して下さった俳人境さん、青木先生に感謝します。
編集しにくい悪文にもかかわらず、励ましていただき、発行にこぎつけてくれました
創風社出版の大早さんにお礼を呈します。

二〇二三年十月吉日

著者略歴

岡本　勢一　おかもと せいいち

1947年1月10日、徳島県三好市山城町下名に生まれる。

池田高校普通科、香川大学経済学部卒業。

69～70年代にベトナム反戦運動、大学闘争と70年安保闘争、その後労働運動、社会運動に参加。

チリ紙交換（廃品回収業）を経て古本屋写楽堂。香港にも出店。

趣味は野菜づくり、読書、旅行、山登り、街中探索。

徳島（18年）、香川（6年）、岡山（12年）を経て松山市に在住。

写楽堂物語
—古本屋の時代とその歴史—

2024年1月20日 発行　定価＊本体価格 2000円＋税
著　者　岡本　勢一
発行者　大早　友章
発行所　創風社出版
〒791-8068 愛媛県松山市みどりヶ丘9－8
TEL.089-953-3153 FAX.089-953-3103
振替 01630-7-14660 http://www.soufusha.jp/
印刷　㈱松栄印刷所

 ISBN 978-4-86037-339-9